Censo de El Hierro de 1771

~ *With English Guide* ~

JULIO C. VERA

Editor

ISBN-13: 978-1725691339
ISBN-10: 1725691337

DEDICATORIA

En memoria de Peter Carr.

CONTENIDO

Agradecimientos

Gracias a los dirigentes de la Casa Fuerte de Adeje y del Museo Canario por digitalizar y poner al alcance del público la información que aquí se transcribe. También gracias a Cristina Junyent y a Jonay Acosta por señalarnos la obra de Rescate de Toponimia realizada por La Infraestructura de Datos Espaciales de Canarias (IDECanarias). Gracias igualmente a José-Luis Machado por sus valiosos aportes históricos. Finalmente, agradezco de nuevo la asistencia editorial de mi hermana, Maria del Carmen.

Introducción

{English translation: see Introduction, p. 117}

En las obras anteriores, *El Censo de 1680 de La Gomera y El Hierro* y *Censo de El Hierro de 1757*, se ha planteado la intención de recuperar fuentes casi desconocidas pero útiles para ampliar la historia demográfica de las Islas Canarias y facilitarle esos datos a un número mayor de investigadores.[1]

Volvemos en este caso al Archivo de la Casa Fuerte de Adeje, Tenerife, y sus manuscritos de la Casa nobiliaria de los Marqueses de Adeje, Condes de La Gomera y Señores de El Hierro, hoy conservados en El Museo Canario en Las Palmas de Gran Canaria. Gracias a esas instituciones, más de diecisiete mil unidades se han digitalizado para facilitar su consulta electrónica.[2] Bajo la *"Documentación no judicial generada en el ejercicio jurisdiccional señorial - Señorío de El Hierro - Padrones de habitantes,"* se encuentran dos censos de El Hierro: uno del año 1757 - ya publicado en la obra citada - y otro del 1771 hecho *"por orden del Inspector y Segundo Comandante General de Canarias para reglamento de milicias."*[3] Como se prometió en dicha publicación, aquí se ofrece la transcripción completa de ese censo de 1771.

La elaboración de este censo[4] fue a consecuencia de la reorganización de las milicias canarias. Ese proceso comenzó en 1769 con la llegada a Canarias del Coronel de los reales ejércitos don Nicolás de Macía Dávalos. Éste fue

---

[1] Julio C. Vera, *El Censo de 1680 de La Gomera y El Hierro* (Los Angeles: CreateSpace Independent Publishing Platform, 2016) y *Censo de El Hierro de 1757* (Los Angeles: CreateSpace Independent Publishing Platform, 2017).

[2] Disponible por medio de la sede del Archivo de la Casa Fuerte de Adeje: www.archivohistoricoadeje.es, donde también se elabora su historia.

[3] Su código de referencia es: ES 35001 AMC/ACFA 104003.

[4] Usamos la palabra *censo* por *padrón* para mantener consistencia entre publicaciones, sabiéndose que se refiere siempre a padrones, matrículas o listados de habitantes, que en vocablo moderno se reúnen bajo el concepto de *censo de población*.

nombrado Segundo Comandante e Inspector General de las Milicias y vino con *"la misión de reorganizarlas adaptándolas al vecindario y necesidades de cada isla."*[5] Conforme a su orden con respecto a El Hierro, en enero de 1771 el Alcalde Mayor, Joseph Ventura Borges y Bello, y los clérigos de la isla, Francisco Brito y Rector y Vicario Juan Apolinario Rocha, comenzaron la enumeración de *"su vecindario en los pagos, sitios, barrancos, o como quiera Vm llamarlos . . ."* Como resultado de este proceso, el 15 de abril de 1771 se remitió copia de sus matrículas *"con expresion de las Personas Barones, que conponen cada familia [y] sus edades,"* concluyendo la encuesta con un resumen de las cifras de cada zona.

Debido a su carácter militar, el padrón pretendía enumerar los varones disponibles para servir en defensa de la isla, asegurándose al mismo tiempo de abarcar la vecindad completa. Por lo tanto, aunque no se necesitaban identificar ni las esposas ni las hijas de dichos vecinos varones, sí se incluyeron las mujeres que encabezaban hogares, ya fueran viudas, mozas o mujeres "libres" con hijos varones - o sin ellos. El resultado es que el listado abarca un cuadro bastante completo de las familias que habitaban la isla en 1771.

El sumario del manuscrito reportó un total de 820 vecinos.[6] Ese número no concuerda con el conteo de esta transcripción, el cual llega a una suma de 824 vecinos, ubicados en 869 casas, con un total de 1.293 individuos.[7] El conteo original se detalla en un apéndice al final del libro. En él se reproducen los subtotales tomados de sitio a sitio, tal como se listaron en el manuscrito, con sus resúmenes.

A pesar del enfoque masculino y militar de la encuesta, el padrón nos aporta otros detalles apreciables. Primeramente, aparecen los nombres y apellidos (a veces más de uno) de todos los que encabezan hogares en la isla - hombres, viudas o mujeres solteras. En el caso de los varones, aparecen también sus edades. Además se detallan todos sus hijos varones y sus edades.[8] Se añaden sus nietos, entenados, cuñados, criados, y otros varones residentes en la casa. Finalmente el registro incluye todas las mujeres que encabezaban los hogares, ya fueran viudas, madres de varones o no, o

---

[5] Carlos Quintero Reboso, *El Hierro: una isla singular* ([Valverde]: Excmo. Cabildo Insular de El Hierro; Tenerife : Centro de la Cultura Popular Canaria, 1997-2001) 481.

[6] *"Exepteuados Clerigos y Frayles."*

[7] En el manuscrito se ven algunas discrepancias en el traslado de los subtotales a los cuadros de sus resúmenes. Los datos presentados aquí se han colocado (como siempre) en una matriz de *Excel* para verificar sus sumas. Nótese también que el total de 1.293 individuos incluye los religiosos; es decir, todos los individuos que aparecen en los folios.

[8] Con la excepción de los religiosos, de los cuales aparecen muy pocos con edades.

mujeres solteras - algunas veces también detallando hermanas que viven juntas.

A esto se le puede agregar que el conteo revela los contornos geográficos de familias emparentadas. Por ejemplo, se ven apellidos repetidos en las mismas calles, o sus barrios, lo cual ofrece pistas de posibles linajes. Y estas agrupaciones geográficas se pueden comparar con otras parecidas en los años anteriores - especialmente las que se ven en el *Censo de El Hierro de 1757* - indicando la posible permanencia de clanes en sus tierras ancestrales y revelado los movimientos de esa población a mediado del siglo dieciocho.

Finalmente, el censo de 1771 agrega una recopilación de topónimos antiguos y únicos, con los enumeradores especificando las calles y callejones, barrancos y barrios, alturas y bajos, en los modismos de su época. Esos topónimos olvidados sirven de gran utilidad para ubicar esas viviendas antiguas con mapas modernos.[9]

En resumen, no obstante su papel inicial de padrón militar sencillo, el censo de El Hierro de 1771 nos aporta mucho más de lo que se esperaba: un listado completo de los nombres y edades de sus varones y hembras cabezas de hogares, un cuadro amplio de la totalidad de sus casas, una vista de familias emparentadas y afincadas en sus tierras y un panorama más amplio de la toponimia de El Hierro en el siglo XVIII. Estos datos - como los de las obras anteriores - avanzan la recuperación de la historia y el enriquecimiento de nuestro patronato isleño.

.

Los Angeles, 2018

---

[9] Como se viene logrando en el proyecto de *Rescate de Toponimia* elaborado por La Infraestructura de Datos Espaciales de Canarias (IDECanarias) en su sistema VISOR, disponible en www.idecanarias.es (2018).

	edades	Num.° de Vecinos
Ladera camino q.e ba a San Andres		
Juan de Cabrera	60	
Fran.co de Armas	40	1.
Fran.co de Leon manzano	60	1.
Juan de Febles	25	1.
Maria Padilla Scalo Viuda	}	0 ½
Andres Hijo	22 }	
Baltasar Febles	55 }	1.
Miguel Hijo	13 }	
		5. ½
Barranco de Niebla, Lugar de Ysora, y Barranco de Flores		
Juan Romero	40	
Juan de Cabrera	30 }	1.
Juan Hijo	32 }	1.
Juan de Azoca	30 }	
Juan Hijo	12 }	1.
Melchor Garcia	50	1.
Fran.ca Padilla Viuda		0 ½
Juan Padron	50 }	
Bartolome Hijo	25 }	1.
Catalina Mexia Viuda		0 ½
Juan de Leon Crespo	65	1.
Bartolome Mexia Crespo	60	1.
Agustin de Carcañera	60	1.
Juan Padron	56	1.
Lorenzo de Mera	54 }	
Miguel Hijo	18 }	1.
Marco Hijo	14 }	
Marco Zamora	30	1.
Bartolome Zamora	32	1.
		13.

Advertencias

{*English translation: see Explanatory Notes, p. 121*}

El censo se elaboró en dos apartados (cosidos juntos) correspondiendo a dos zonas amplias de la isla. Para esta transcripción se han designado Apartado 1 y Apartado 2 y abarcan las siguientes vecindades:

Apartado 1 *(ff.1-14)*

La Villa (Valverde)
Asofa
El Pinal

Apartado 2 *(ff.15-24)*

Sabinosa
Llanillos, Tigaday, La Frontera (El Golfo)
Barlovento

Los primeros tres pliegos del manuscrito no se numeraron, por lo tanto se identifican como folios i, ii, y iii. La foliación propia comienza con el primer apartado de la enumeración, desde los folios 1 al 14, y el segundo desde los folios 15 al 24, terminado con un papel en blanco.

La transcripción respeta la ortografía original del manuscrito con la excepción de unos pocos acentos que se ignoran. Se han mantenido las variaciones de los nombres y los apellidos tal como aparecen en las ortografías de su época. Pero en el índice onomástico se han reunidos las posibles desviaciones bajo su forma moderna. En algunos casos ciertas variaciones se han mantenido, agregándose notas de *"véase"* o *"véase también"* para conectar los apellidos parecidos o relacionados. De todos modos deben revisarse todas las variaciones posibles de nombres y apellidos que se investigan.

Cuando aparece información ilegible o que no se ha podido precisar, esas variaciones se colocan entre corchetes, a veces con interrogativo si es conjetura. Abreviaturas ya conocidas (como F^co = Francisco; J^ph = Joseph; etc.), aparecen ampliadas sin indicársele. Cuando la información se omite en el original (como "viuda," o "hijo") se indica que [no consta]. Las edades de las mujeres no se tomaron[10] y en algunos instantes no aparecen las edades de otros (los curas, por ejemplo o sus criados), lo cual se nota con una ralla "--" en lugar de la edad.

En el manuscrito también se encuentran las siguientes notificaciones sin explicación. Posiblemente sean códigos relacionados con sus obligaciones militares. Estas se repiten en la transcripción tal como aparecen en el texto:

- Una "A" mayúscula agregada al lado del nombre del individuo o de su designación de hijo.
- Una "D" mayúscula agregada al lado del nombramiento de los beneficiados.

Finalmente, las descripciones geográficas se transcriben como se ven en el original. Cuando los topónimos se desvían de sus formas actuales, eso se indica en notas al pie del texto. Topónimos antiguos que se han verificado (o no) en el *Rescate de Toponimia* de *IDECanarias* citado anteriormente también se señalan con notas.

---

[10] Con la excepción de las dos primeras viudas, Francisca Quintero (no. 1), y Catalina de Chaves (no. 17), y luego Juana Gonzalez (no. 470), aunque esa puede ser Juan (véase la nota en su asiento).

El Censo

El Hierro
Censo de 1771

Para la enumeración se dividió la isla en dos zonas, elaboradas en dos apartados. El mapa se basa en el de la obra *El Censo de 1680* (ya citada) con los topónimos del censo ubicados aproximadamente. No se infiere escala estricta.

Apartado 1

~ *Villa de Balverde, Asofa, Pinal* ~

Francisco Brito, enero-abril 1771

f. 4r - Vecinos que tiene esta Villa de Balverde Ysla del Hierro, Asofa, Pinal, que calle[si]a se forma en el mes de Enero de mil septecientos setenta y un años con expresion de las Personas Barones, que componen cada familia, sus edades, con asistencia de su mrd el senor Alcalde mayor Dⁿ Jph Ventura Borges, y Vello de su mrd el señor Benerable Beneficiado Dⁿ Franᶜᵒ de Brito.

Camino del Gusano qᵉ ba a Sⁿ Anton en el Pinal.[11]

Casa/f.	Nombre	Descripción	Edad
1	**Francisca Quintero**	viuda	**70**
f.1r			
2	**El Sargento Juan Quintero**		**70**
f.1r	Guillermo	hijo	16
3	**Pedro Francisco**		**35**
f.1r			
4	**Sevastian Hernandez**		**24**
f.1r			

---

[11] En el presente Taibique y su Iglesia de San Antonio Abad, El Pinar. Esta y las siguientes notas geográficas las informan el proyecto *Rescates de Toponimia* de *IDECanarias* (visor.grafcan.es).

Casa/f.	Nombre	Descripción	Edad
5	**Bartolome Hernandez Pinto**		34
f.1r	Marcos	hijo	14
6	**Pedro Quintero Saucedo**		51
f.1r			
7	**Gaspar Diaz**		69
f.1r	Juan Padron	hijo	15
8	**Miguel Padron**		24
f.1r			
9	**Martin Rodriguez**		30
f.1r			
10	**Bartolome Morales**		26
f.1r			
11	**Joseph Morales**		40
f.1r	Martin	hijo	18
12	**Joseph Fernandez**		40
f.1r			
13	**Juan de Morales Febles**		38
f.1r	Juan	hijo	12
14	**Bartolome Hernandez**		63
f.1r	Juan	hijo	21
	Bartolome	hijo	13
15	**Juan Sanchez**	**chico**	49
f.1r			
16	**Bartolome Quintero**		30
f.1r			
17	**Catalina de Chaves**	**viuda**	60
f.1v			
18	**Pedro Gutierrez**		25
f.1v			
19	**Diego de Castañeda**		26
f.1v			
20	**Juan Padron**		36
f.1v			

Casa/f.	Nombre	Descripción	Edad
21 f.1v	Juan Perez		40
22 f.1v	Baltasar de Lima		49

Camino que ba del Roque a las casas.[12]

Casa/f.	Nombre	Descripción	Edad
23 f.1v	Magdalena Merida	viuda	--
24 f.1v	Lucas Hernandez		34
25 f.1v	Joseph de Castañeda		45
26 f.1v	Manuel de Chaves		50
27	Lucas Sanchez		40
f.1v	Andres	hijo	25
28 f.1v	Joseph Gonzalez		29
29 f.1v	Juan Fernandez Armas		40
30 f.1v	Juan Padron de Dios		40
31	Juan de Morales Rodriguez		40
f.1v	Francisco	hijo	15
32	Bartolome Hernandez Vegas		46
f.1v			
33 f.1v	Baltasar Hernandez		40

---

[12] En el presente Taibique; Las Casas en El Pinar.

Casa/f.	Nombre	Descripción	Edad
34	**Leonor Montesino**	**viuda**	**--**
f.1v	Francisco	hijo	25
	Bartolome	hijo	22
35	**Andres Hernandez**		**46**
f.1v			
36	**Matias Hernandez**		**56**
f.1v			
37	**Diego de Acosta**		**25**
f.1v			
38	**Bartolome Hernandez Merida**		**40**
f.1v	Juan	hijo	12
39	**Maria Castañeda**	**viuda**	**--**
f.1v	Baltasar	hijo	12
	Pedro	hijo	18
40	**Cristoval Quintero**		**21**
f.1v			
41	**Juan Padron Nuñez**		**55**
f.2r	Salvador	hijo	30
	Lorenzo	hijo	15
42	**Juan de los Reyes**		**35**
f.2r			
43	**Lazaro Acosta**		**65**
f.2r			
44	**Diego Padron**		**49**
f.2r	Diego	hijo	18
	Juan	hijo	15
45	**Juan de Morales**		**21**
f.2r			

Camino q^e viene de San Anton.[13]

Casa/f.	Nombre	Descripción	Edad
46	**Francisco Morales Rodriguez**		**40**
f.2r			
47	**Diego Montero**		**26**
f.2r			
48	**Maria Castañeda**	**viuda**	**--**
f.2r	Antonio	hijo	14
49	**Ysavel Marques**[14]	**viuda**	**--**
f.2r	Maria de Merida[15]	viuda	--
50	**Maria Castañeda**	**viuda**	**--**
f.2r	Francisco	hijo	12
51	**Patricio de Chaves**		**15**
f.2r			
52	**Sebastian Hernandez**		**34**
f.2r			
53	**Joseph Hernandez**		**21**
f.2r			
54	**Francisco Morales**		**13**
f.2r			
55	**Francisco Quintero**		**49**
f.2r	Juan	hijo	12
56	**Lucas Hernandez**		**68**
f.2r			
57	**Bernardo Rodriguez**		**40**
f.2r			
58	**Juan Fernandez**		**32**
f.2r			
59	**Juan Quintero**		**40**
f.2r			

---

[13] En el presente Taibique y su Iglesia de San Antonio Abad.

[14] Ysabel Marquez y Maria de Merida aparecen en una linea; posiblemente una misma casa.

[15] Ysabel Marquez y Maria de Merida aparecen en una linea; posiblemente una misma casa.

Casa/f.	Nombre	Descripción	Edad
60	**Nicolas Hernandez**		**18**
f.2r			
61	**Juan de Chaves**		**32**
f.2r			
62	**Francisco Gonzalez**		**41**
f.2r			
63	**Maria de los Reyes**	**viuda**	**--**
f.2r			
64	**Lucas Morales**		**50**
f.2r	Salvador	hijo	12
65	**Juan Francisco**		**38**
f.2v			
66	**Sebastian de Cabrera**		**25**
f.2v			
67	**Andres Gonzalez**		**30**
f.2v			
68	**Bartolome Cabrera**		**34**
f.2v			
69	**Maria Padilla**	**viuda**	**--**
f.2v			

Barranco de Taybique qᵉ va al lugar de las casas.[16]

Casa/f.	Nombre	Descripción	Edad
70	**Matias Padron**		**50**
f.2v			
71	**Rodrigo Machin**		**30**
f.2v			
72	**Diego Padron**		**54**[17]
f.2v			
73	**Francisco Padron**		**25**
f.2v			

---

[16] Taibique; Las Casas en El Pinar.
[17] Su edad puede ser 14.

Casa/f.	Nombre	Descripción	Edad
74	**Andres Gonzalez**		**30**
f.2v			
75	**Mateo de Febles**		**63**
f.2v	Manuel	hijo	18
76	**Ynes Garcia**	**viuda**	--
f.2v			
77	**Juan Gutierrez**		**30**
f.2v			
78	**Juan Gonzalez**		**26**
f.2v			
79	**Joseph Quintero**		**62**
f.2v	Juan	hijo	18
80	**Francisco Gonzalez**		**40**
f.2v			
81	**Luis Hernandez**		**30**
f.2v			
82	**Joseph Fernandez**[18]		**45**
f.2v			
83	**Ana de Castañeda**	**viuda**	--
f.2v	Juan	hijo	25
	Joaquin	hijo	20

Barranquillo de las casas.[19]

Casa/f.	Nombre	Descripción	Edad
84	**Catalina Gonzalez**	**viuda**	--
f.2v	Pedro	hijo	23
85	**Joseph Hernandez Coton**		**38**
f.2v			
86	**Manuel Febres**		**40**
f.2v			
87	**Francisco Padron**		**66**
f.2v			

---

[18] Puede ser Hernandez; tine una "F" superimpuesta sobre la "H."
[19] Las Casas en El Pinar.

Casa/f.	Nombre	Descripción	Edad
88	**Sebastian de Cabrera**		**60**
f.2v			
89	**Juan de Febres**		**46**
f.2v	Marcos	hijo	16
90	**Ana de la Peña**	**viuda**	**--**
f.2v	Manuel	hijo	20
91	**Bartolome de Armas**		**60**
f.3r			
92	**Lorenzo de Armas**		**26**
f.3r			

Lugar de Azofa, La Cuesta camino qᵉ ba a los Llanos.[20]

Casa/f.	Nombre	Descripción	Edad
93	**Juan Padron**		**20**
f.3r			
94	**Bartolome Morales**		**46**
f.3r	Juan	hijo	18
	Bartolome	hijo	12
95	**Juan de Armas**		**40**
f.3r	Andres	hijo	12
96	**Juan Padron Febres**		**40**
f.3r			
97	**Juan Garcia del Cristo**		**40**
f.3r			
98	**Juan Quintero Armas**		**64**
f.3r			
99	**Luis de Armas**		**40**
f.3r			
100	**Pedro Quintero**		**30**
f.3r			
101	**Anastasia Pacheco**	**viuda**	**--**
f.3r	Gabriel	hijo	18
	Juan	hijo	14

---

[20] La Cuesta y Los Llanos, en Azofa.

Casa/f.	Nombre	Descripción	Edad
102	Maria de Armas	viuda	--
f.3r			
103	Marcos de Armas		40
f.3r			

Lugar de los Llanos, camino de los Llanos.[21]

Casa/f.	Nombre	Descripción	Edad
104	Alonzo Zamora		61
f.3r			
105	Manuel de Castañeda		64
f.3r	Juan	hijo	14
106	Salvador de Fuentes		40[22]
f.3r			
107	Antonio Espinosa		50
f.3r			
108	Miguel de Mesa	mozo	39
f.3r			
109	Antonio Marques		34
f.3r			
110	Juan Sanchez		36
f.3r			
111	Alonzo de Lima		34
f.3r			
112	Juan Fernandez		40
f.3r			
113	Pablo de Lima		24
f.3r			
114	Pedro Quintero		30
f.3r			
115	Juan Quintero Pinto		50
f.3r			

---

[21] Los Llanos en Azofa.
[22] El texto dice que su edad es 4, que no puede ser. Se supone que quizo decirse 40.

Ladera camino qᵉ ba a San Andres.[23]

Casa/f.	Nombre	Descripción	Edad
116	**Juan de Cabrera**		**60**
f.3v			
117	**Francisco de Armas**		**40**
f.3v			
118	**Francisco de Leon Manzano**		**60**
f.3v			
119	**Juan de Febles**		**25**
f.3v			
120	**Maria Padilla Leala**	viuda	--
f.3v	Andres	hijo	22
121	**Baltasar Febles**		**55**
f.3v	Miguel	hijo	13

Barranco de Niebes, Lugar de Ysora, y Barranco de Flores.[24]

Casa/f.	Nombre	Descripción	Edad
122	**Juan Romero**		**40**
f.3v			
123	**Juan de Cabrera**		**30**
f.3v	Juan	hijo	12
124	**Juan de Acosta**		**30**
f.3v	Juan	hijo	12
125	**Melchor Garcia**		**50**
f.3v			
126	**Francisca Padilla**	viuda	--
f.3v			
127	**Juan Padron**		**50**
f.3v	Bartolome	hijo	25
128	**Catalina Merida**	viuda	--
f.3v			

---

[23] En Azofa.
[24] Isora en Azofa Abajo.

Casa/f.	Nombre	Descripción	Edad
129	**Juan de Acosta Cristo**		**65**
f.3v			
130	**Bartolome Acosta Cristo**		**60**
f.3v			
131	**Agustin de Castañeda**		**60**
f.3v			
132	**Juan Padron**		**56**
f.3v			
133	**Lorenzo de Vera**		**54**
f.3v	Miguel	hijo	18
	Mateo	hijo	14
134	**Mateo Zamora**		**30**
f.3v			
135	**Bartolome Zamora**		**32**
f.3v			
136	**Maria Gonzalez**	viuda	--
f.4r			
137	**Juan Garcia**		**56**
f.4r			
138	**Miguel Garcia**		**30**
f.4r	Agustin	hijo	16
	Juan	hijo	12
139	**Sevastian de Castañeda**		**25**
f.4r			
140	**Diego de Armas**		**28**
f.4r			
141	**Diego de Acosta**		**30**
f.4r			

Camino de Bartolome Liman.[25]

Casa/f.	Nombre	Descripción	Edad
142	**Juan Gonzalez Salazar**		**50**
f.4r			
143	**Lucas Hernandez**		**40**
f.4r			
144	**Ana Morales**	**viuda**	--
f.4r	Juan	hijo	16
145	**Mateo Gutierrez**		**26**
f.4r			
146	**Miguel de Mesa**		**50**
f.4r			
147	**Francisco Quintero**		**25**
f.4r			
148	**Juan Gutierrez**		**66**
f.4r	Diego	hijo	30
	Juan	hijo	22
149	**Diego Machin**		**34**
f.4r	Diego	hijo	14
150	**Bartolome Gutierrez**		**26**
f.4r			
151	**Maria Gonzalez**	**viuda**	--
f.4r	Juan	hijo	14
152	**Juan Quintero**		**30**
f.4r			

Barranco de Liman.[26]

Casa/f.	Nombre	Descripción	Edad
153	**Maria de la Concepcion**	**viuda**	--
f.4r	Juan	hijo	18

---

[25] No se encuentra en el presente *Rescate de Toponimia* de *IDECanarias* (2018).
[26] Se supone en camino de Isora hacia Tajace en Azofa Abajo.

Casa/f.	Nombre	Descripción	Edad
154	**Francisco de Febles**		**30**
f.4r			
155	**Maria Quintana**	viuda	**--**
f.4r			
156	**Juan de Zamora**		**39**
f.4v	Juan	hijo	12
157	**Juan de Toledo**		**66**
f.4v			
158	**Bartolome Fleytas**		**30**
f.4v	Juan	hijo	15
159	**Juan de Brito**		**50**
f.4v			
160	**Alonso de Merida**		**50**
f.4v	Pedro	hijo	20
161	**Agustin Padron**		**40**
f.4v			
162	**Francisco Padron**		**24**
f.4v			

Barranco del Lomo del Higo Tajace de avajo.[27]

Casa/f.	Nombre	Descripción	Edad
163	**Bartolome de Acosta**		**40**
f.4v	Diego	hijo	18
	Juan	hijo	12
164	**Juan de Armas**		**40**
f.4v	Juan	hijo	20
	Bartolome	hijo	14
165	**Mateo de Armas**		**36**
f.4v			
166	**Diego Quintero**		**40**
f.4v			

---

[27] En Azofa Abajo.

Casa/f.	Nombre	Descripción	Edad
167 *f.4v*	**Francisco Sejas**		**60**
168 *f.4v*	**Maria de los Reyes**[28]	**viuda**	**--**
169 *f.4v*	**Catalina de Febles**[29]	**viuda**	**--**
170 *f.4v*	**Magdalena Gonzalez**	**viuda**	**--**

Tajace de Arriva camino Real de Tajaze qᵉ ba a las Rozas.[30]

Casa/f.	Nombre	Descripción	Edad
171 *f.4v*	**Diego Padron**		**24**
172 *f.4v*	**Gaspar de Bera** Pedro Juan	 hijo hijo	**46** 18 15
173 *f.4v*	**Martin Rodriguez** Juan	 hijo	**35** 13
174 *f.5r*	**Juan de Febles**		**42**
175 *f.5r*	**Nicolas de Febles**		**38**
176 *f.5r*	**Juan de Febles Lima**		**40**
177 *f.5r*	**Diego de Merida**		**58**
178 *f.5r*	**Bartolome Padron Cuerbo**		**52**

---

[28] Maria de los Reyes y Catalina de Febles aparecen en una linea; posiblemente una misma casa.

[29] Maria de los Reyes y Catalina de Febles aparecen en una linea; posiblemente una misma casa.

[30] En Azofa.

Casa/f.	Nombre	Descripción	Edad
179	**Bartolome Garcia**		**40**
f.5r			
180	**Maria Baptista**	**viuda**	**--**
f.5r			

Camino qᵉ ba a las Rosas y Barranco de las Rosas, camino que ba a Jarera.[31]

Casa/f.	Nombre	Descripción	Edad
181	**Andres de Acosta**		**56**
f.5r			
182	**Pedro Febles**		**40**
f.5r			
183	**Juan de Castañeda**		**54**
f.5r	Bartolome	sobrino	20
184	**Juan Sanchez Lindo**		**60**
f.5r			
185	**Miguel de Fleytas**		**50**
f.5r			
186	**Bartolome Morales**		**80**
f.5r			
187	**Pedro Machin**		**35**
f.5r			
188	**Cayetano de Armas**		**48**
f.5r			
189	**Francisco Padron**		**43**
f.5r	Francisco	hijo	14
190	**Pedro Quintero**		**90**
f.5r	Antonio	hijo	25
191	**Juan Quintero**		**30**
f.5r			
192	**Juan Padron**		**50**
f.5r			

---

[31] En San Andrés Azofa Arriba.

Casa/f.	Nombre	Descripción	Edad
193	**Alonso de Armas**		**60**
f.5r	Francisco	hijo	20
194	**Bartolome Garcia**		**60**
f.5r	Diego	hijo	13
195	**Baltasar Morales**		**80**
f.5r	Bartolome	hijo	24
196	**Bartolome Quintero**		**42**
f.5r			
197	**Bartolome Barreda**		**54**
f.5v			
198	**Juan de Morales**		**45**
f.5v	Juan	hijo	12
199	**Juan de Morales**		**82**
f.5v			
200	**Ana Morales**	**viuda**	**--**
f.5v	Mateo	hijo	20
201	**Guillermo Zamora**		**40**
f.5v			
202	**Nicolas Padron**		**59**
f.5v			
203	**Juan Padron**		**50**
f.5v	Juan	hijo	24
204	**Juan Gonzalez**		**25**
f.5v			
205	**Francisco Zamora**		**30**
f.5v			
206	**Juan de Cejas**		**44**
f.5v	Juan	hijo	12
207	**Bartolome de Acosta**		**82**
f.5v	Diego	hijo	12

Lugar de Ajarera de abajo Barranco de Ajarera.[32]

Casa//.	Nombre	Descripción	Edad
208	**Antonio de España**		**40**
f.5v			
209	**Joseph Morales**		**85**
f.5v	Simon	hijo	34
210	**Maria de los Santos**	**[no consta]**	**--**
f.5v	Juan	sobrino	30
211	**Juan Sanchez Arteaga**		**80**
f.5v	Joseph	hijo	12
212	**Luisa de Morales**	**viuda**	**--**
f.5v	Joseph	hijo	18
213	**Antonio Espinosa**		**35**
f.5v			
214	**Andres Francisco**		**60**
f.5v			
215	**Maria de Morales**	**viuda**	**--**
f.5v			
216	**Baltasar de Morales**		**80**
f.5v			
217	**Juan Sanchez**		**60**
f.5v	Juan	hijo	22
218	**Pedro Morales**		**50**
f.5v	Mateo	hijo	15
219	**Juan de Zamora**		**50**
f.6r			
220	**Juan Francisco**		**50**
f.6r	Domingo	hijo	12
221	**Lucas Francisco Padron**		**90**
f.6r			
222	**Juan de Armas**		**58**
f.6r	Juan	hijo	19

---

[32] Jarera Abajo en San Andrés, Azofa Arriva.

Camino q^e parte a Jarera.[33]

Casa/f.	Nombre	Descripción	Edad
223	**Diego Febles**		**56**
f.6r	Baltasar	hijo	13
224	**Antonio Revoso**		**30**
f.6r	Juan	hijo	12
225	**Juan Revoso**		**60**
f.6r			
226	**Miguel de Leon**		**40**
f.6r			
227	**Domingo de Febles**		**30**
f.6r			
228	**Juana de Castañeda**	**viuda**	**--**
f.6r			
229	**Francisco Sevastian**		**50**
f.6r	Juan	hijo	44
230	**Gaspar Hernandez**		**30**
f.6r			
231	**Miguel Garcia**		**50**
f.6r			
232	**Bartolome Padron**		**33**
f.6r			
233	**Baltasar Mendez**		**80**
f.6r	Baltasar	nieto	13
234	**Manuel Gonzalez**		**44**
f.6r			
235	**Pedro Machin**		**64**
f.6r	Pedro	hijo	25
236	**Bartolome Castañeda**		**30**
f.6r			
237	**Juan de Armas**		**44**
f.6r			

---

[33] En San Andrés, Azofa Arriva.

Casa/f.	Nombre	Descripción	Edad
238	**Catalina Gutierrez**	**viuda**	**--**
f.6r	Juan	hijo	40
239	**Juan de Morales**		**55**
f.6r	Mattias	hijo	12
240	**Bartolome Febles**		**45**
f.6r	Bartolome	hijo	12
241	**Mateo de Armas**		**52**
f.6r			

Camino qᵉ ba a la Alvarada Lugar de Alvarada.[34]

Casa/f.	Nombre	Descripción	Edad
242	**Bernardo de Espinosa**		**40**
f.6v			
243	**Juan Garcia**		**33**
f.6v			

Camino qᵉ ba a la Alvarada Lugar de Alvarada.
[este encabezamiento anterior aquí se repite]

Casa/f.	Nombre	Descripción	Edad
244	**Guillermo Zamora**		**40**
f.6v			
245	**Joseph Gonzalez**		**30**
f.6v			
246	**Teresa Espinosa**	**[no consta]**	**--**
f.6v	Juan	hijo	19
247	**Miguel Padron**		**28**
f.6v			
248	**Diego Padron**		**59**
f.6v	Bartolome	hijo	18
249	**Francisco Zamora**		**48**
f.6v	Lorenzo	hijo	18

---

[34] Se supone entre San Andrés y Tiñor.

Casa/f.	Nombre	Descripción	Edad
250	**Francisco Gonzalez**		**80**
f.6v			
251	**Manuel Gonzalez**		**84**
f.6v			
252	**Catalina Morales**	viuda	--
f.6v			
253	**Silbestre Gutierrez**		**60**
f.6v			
254	**Bernarda Espinosa**	viuda	--
f.6v			
255	**Juan Padron**		**50**
f.6v			
256	**Joseph Padron**		**40**
f.6v	Manuel	hijo	12
257	**Andres de Leon**		**55**
f.6v			
258	**Joseph Cabrera**		**30**
f.6v			
259	**Bartolome Gonzalez**		**25**
f.6v			

Camino qᵉ va a Tiñor.

Casa/f.	Nombre	Descripción	Edad
260	**Francisco Martel**		**28**
f.6v			
261	**Diego de Fuentes**		**42**
f.6v	Joseph	hijo	12
262	**Antonio Gonzalez**		**50**
f.6v	Juan	hijo	12
263	**Juan Gonzalez**		**80**
f.6v			
264	**Maria Padilla**	viuda	--
f.6v			

Casa/f.	Nombre	Descripción	Edad
265	**Francisco de Leon**		**50**
f.6v			
266	**Juan Machin**		**50**
f.7r			
267	**Mateo de Armas**		**80**
f.7r	Juan	hijo	12

Camino qᵉ ba a la Villa. calle de las cuebas de Lemus.[35]

Casa/f.	Nombre	Descripción	Edad
268[36]	**Joseph Quintero**		**50**
f.7r	Joseph Quintero	hijo (A)	21
	Gaspar Quintero	hijo (A)	20
269	**Diego Padron**		**50**
f.7r	Cayetano	hijo (A)	20
	Francisco	hijo (A)	15
270	**Patricio Hernandez**		**60**
f.7r			
271	**Gabriel Barreda**		**55**
f.7r			
272	**Ana de Febles**[37]	**viuda**	**--**
f.7r	Maria de Febles[38]	viuda	--
273	**Juan Castañeda**		**55**
f.7r	Diego	hijo (A)	19
	Rafael	hijo (A)	16
	Antonio	hijo	14
274	**Ysavel de Febles**	**viuda**	**--**
f.7r	Joseph	hijo (A)	30
275	**Miguel Fonte**		**45**
f.7r			

---

[35] Villa de Valverde, entrada al sur. Las "cuevas de Alfonso de Lemos" es donde se depositó en 1614 la imagen de la Virgen de los Reyes, en "una cueva proxima a las primeras casas del barrio capitalino de Tesine." Véase Quintero Reboso, *El Hierro Una Isla Singular*, 354.

[36] Esta entrada lleva la nota "primera casa."

[37] Ana de Febles y Maria de Febles aparecen en una linea; posiblemente una misma casa.

[38] Ana de Febles y Maria de Febles aparecen en una linea; posiblemente una misma casa.

Casa/f.	Nombre	Descripción	Edad
276	**Francisco Casañas**		30
f.7r			
277	**Juan Casañas**		25
f.7r			
278	**Cayetano Padron**		50
f.7r	Miguel	nieto	12

Barranco del Risco Blanco.[39]

Casa/f.	Nombre	Descripción	Edad
279	**Antonio Quintero**		52
f.7r			
280	**Juan Quintero**		50
f.7r			
281	**Juan Garcia**		25
f.7r			
282	**Juan Garcia**		40
f.7r			
283	**Ana Quintana**	**mosa libre**	--
f.7r	Francisco	hijo	12
284	**Catalina Padilla**	**viuda**	--
f.7r	Joseph Carmen	hijo	15
285	**Joseph Martin**		30
f.7r	Juan Joseph	hijo	12
286	**Antonio Padron**		24
f.7v			
287	**Juan de la Paz**		40
f.7v			
288	**Baltasar de Fleytas**		20
f.7v			
289	**Joseph Hernandez**		60
f.7v			

---

[39] El presente *Rescate de Toponimia* de *IDECanarias* (2018) ofrece tres lugares posibles, uno cerca de Tiñor.

Casa/f.	Nombre	Descripción	Edad
290	**Joseph Nuñez**		**40**
f.7v			
291	**Juan Antonio Hernandez**		**40**
f.7v			

Calle qᵉ ba a las cuebas de Lemus.[40]

Casa/f.	Nombre	Descripción	Edad
292	**Cayetano Martin**		**90**
f.7v	Estevan	hijo	23
293	**Luis Padron**		**50**
f.7v	Alonso	hijo	21
294	**Domingo Anrrique**		**40**
f.7v			
295	**Antonia Febles**	viuda	--
f.7v			

Calle del Marrubio.[41]

Casa/f.	Nombre	Descripción	Edad
296	**Gabriel de la Torre**		**12**[42]
f.7v			
297	**Doña Lucia de Espinosa**[43]	viuda	--
f.7v	Doña Maria Espinosa[44]	viuda	--
298	**Joseph Maria Sanchez**		**22**
f.7v			
299	**Don Diego Norberto Guadarrama**		**32**
f.7v			

---

[40] En el sur de la Villa, cerca de Tesine.

[41] Habian lugares al norte de la Villa con el nombre Marrubio.

[42] Su edad aparenta ser 12.

[43] Doña Lucia de Espinosa y Doña Maria Espinosa aparecen en una linea; posiblemente una misma casa.

[44] Doña Lucia de Espinosa y Doña Maria Espinosa aparecen en una linea; posiblemente una misma casa.

Casa/f.	Nombre	Descripción	Edad
300	**Don Francisco Perez Guadarrama**		**61**
f.7v			
301	**Pablo Aguilar**		**25**
f.7v			
302	**Bentura Hernandez**		**28**
f.7v			
303	**Antonio Padron**		**40**
f.7v	Cayetano	hijo	18
304	**Don Antonio Lima**		**46**
f.7v	Juan Brito	criado	60
	Lucas	cuñado	14
305	**Catalina Febles**	**viuda**	**--**
f.7v			
306	**El Capitán Don Diego Acosta**		**90**
f.7v	Don Manuel	hijo	45
	Don Antonio	hijo	43
307	**Don Miguel de Acosta**		**30**
f.7v			
308	**Don Francisco Barreda**		**50**
f.7v	Don Gaspar	su cuñado	23
309	**Maria de los Reyes**		**--**
f.7v			
310	**Don Diego Perez**		**53**
f.7v	Agustin	criado	14

Calle q.ᵉ atraviesa. [sic]

Casa/f.	Nombre	Descripción	Edad
311	**Don Miguel de Ayala**		**40**
f.8r	Antonio	hijo	12

Barranco de la Hoya y su Callejon.[45]

Casa/f.	Nombre	Descripción	Edad
312	**Don Francisco Brito**	**Benerable Beneficiado (D)**	**--**
f.8r	Juan	su criado	23
313	**Maria Casañas**	**viuda**	**--**
f.8r			
314	**Don Cayetano Barreda**		**53**
f.8r			
315	**El Capitán Don Dionisio Fernandez**	**capitan**	**40**
f.8r			

Callejon del Marrubio pa Tifarabe.[46]

Casa/f.	Nombre	Descripción	Edad
316	**Sevastian Padron**		**52**
f.8r	Juan Bueno	hijo	12
317	**Gonzalo Perez**		**54**
f.8r	Francisco Miguel	[hijo][47]	14
318	**Gabriel de Merida**		**44**
f.8r	Sevastian	entenado	14
319	**Josepha de Acosta**	**viuda**	**--**
f.8r			
320	**Joseph Padron**		**48**
f.8r	Juan	hijo	24
	Ventura	hijo	14
321	**Joseph de Febles**		**52**
f.8r	Nicolas	hijo	24
322	**Miguel de Leon**		**30**
f.8r			

---

[45] No se encuentra en el presente *Rescate de Toponimia* de *IDECanarias* (2018).

[46] Tifirabe.

[47] Aparece como Francisco Miguel en la casa de Gonzalo Perez, sin indicar su parentesco.

Casa/*f.*	Nombre	Descripción	Edad
323	**Catalina**	**mosa**	**--**
f.8r			

Tejina y Barranco de la Hoya.[48]

Casa/*f.*	Nombre	Descripción	Edad
324	**Maria Padilla**	**viuda**	**--**
f.8r			
325	**Francisco Cruz**		**29**
f.8r			
326	**Francisco de Merida**		**52**
f.8r	Joseph	hijo	13
327	**Salvador Padron**		**60**
f.8r	Joseph	hijo	25
328	**Juan Padron Cuerbo**		**30**
f.8r			
329	**Gabriel Gutierrez**		**33**
f.8r			
330	**Francisco Gutierrez**		**61**
f.8v	Antonio	hijo	14
331	**Mateo Gutierrez**		**62**
f.8v			
332	**Don Joaquin Febres**		**43**
f.8v	Joseph	criado	14
333	**Don Toribio de Acosta**		**44**
f.8v	Estevan	criado	28

---

[48] Puede ser "Tesina," ya que el próximo pago que sigue es Tesine; Tejina estaba mucho mas al sur de estos pasos. El Barranco de la Hoya no se encuentra en el presente *Rescate de Toponimia* de *IDECanarias* (2018).

Calle de Tesine.[49]

Casa/f.	Nombre	Descripción	Edad
334	**Sevastiana [no consta]**	**viuda**	**--**
f.8v			
335	**Alvaro Padron**		**29**
f.8v			
336	**Antonio Casañas**		**21**
f.8v			
337	**Diego Barreda**		**63**
f.8v	Salvador	entenado	20
	Joseph Maria	entenado	12
338	**Miguel de Febres**		**24**
f.8v			
339	**Pedro Quintero**		**30**
f.8v			
340	**Juan de los Reyes**		**25**
f.8v			
341	**Maria de la Concepcion**	**[no consta]**	**--**
f.8v			
342	**Don Bartolome Espinosa**		**52**
f.8v			
343	**Baltasar Padron**		**44**
f.8v	Marcos	hijo	12

Calle de Santa Catalina.[50]

Casa/f.	Nombre	Descripción	Edad
344	**Don Joseph Magdaleno**		**33**
f.8v			
345	**Juan de Leon**		**54**
f.8v			

---

[49] Barrio en el sur de Valverde. Esta y las siguientes calles serían en la villa de Valverde.
[50] Barrio en el sur de Valverde.

Casa/f.	Nombre	Descripción	Edad
346	**Doña Maria Fernandez**	**viuda**	**--**
f.8v	Nicolas Barreda	hijo	23
347	**Don Manuel Padron**		**50**
f.8v	Don Joseph	hijo	20
	Juan	criado	12
348	**Don Manuel Perez**		**60**
f.8v			
349	**Juan Padron**		**30**
f.8v			
350	**Ana Fernandez**	**libre**	**--**
f.8v			
351	**Don Francisco Fernandez**		**52**
f.8v			
352	**Don Cristoval Mederos**		**21**
f.8v			
353	**El Capitan Don Estevan Fernandez**	**capitan**	**65**
f.9r	Don Antonio	hijo	22
	Miguel	criado	18
354	**Francisco Gutierrez**		**49**
f.9r	Gabriel	hijo	14
355	**Doña Agustina Fernandez**	**viuda**	**--**
f.9r	Tomas	hijo	22
356	**Diego Revoso**		**30**
f.9r			

Callejon de la Picota.[51]

Casa/f.	Nombre	Descripción	Edad
357	**Don Pio de Ayala**		**49**
f.9r	Baltasar	hijo	18
	Juan	criado	23
358	**Don Joseph Magdaleno**		**39**
f.9r			
359	**Agustina Fonte**	viuda	--
f.9r			

Calle del Sol.[52]

Casa/f.	Nombre	Descripción	Edad
360	**Agustin Fonte**		**52**
f.9r	Pedro	hijo	19
	Matias	hijo	18
361	**Cayetana Padilla**	viuda	--
f.9r			
362	**Gaspar Padron**		40
f.9r			
363	**Juan Padron**		29
f.9r			
364	**Don Pedro Gutierrez**	**Presbitero** (D)	64
f.9r	Joseph	sobrino	18
365	**Catalina Gonzalez**	viuda	--
f.9r			
366	**Cristoval de Febles**		35
f.9r			
367	**Sebastian de Febles**		39
f.9r			
368	**Domingo Garcia**		38
f.9r			

---

[51] De los lugares conocidos como "la Picota" en el presente *Rescate de Toponimia* de *IDECanarias* (2018) no se ve ninguno cercano a la villa de Valverde.
[52] Calle El Sol, centro Valverde.

Casa/f.	Nombre	Descripción	Edad
369	**Joseph del Monte**		**28**
f.9r			
370	**Don Diego Jacinto**	**Presbitero** (D)	--
f.9r	Gonzalo	criado	22
371	**Don Joseph Espinosa**		**32**
f.9r	Miguel	criado	12

Calle de las Piedritas.[53]

Casa/f.	Nombre	Descripción	Edad
372	**Diego Perez Quintero**		**55**
f.9v	Gabriel	hijo	14
373	**Don Felipe Perez**	**Presbitero** (D)	**54**
f.9v			
374	**Diego Martel**		**40**
f.9v			
375	**Ysavel Quintero**	**viuda**	--
f.9v	Juan	criado	22

Calle del Portillo.[54]

Casa/f.	Nombre	Descripción	Edad
376	**Don Miguel de Guadarrama**	**Presbitero** (D)	--
f.9v	Antonio	criado	22
377	**Don Bartolome de Acosta**		**50**
f.9v	Juan	criado	26
378	**El Capitán Don Santiago Guadarrama**	**capitan**	**53**
f.9v	Ventura	criado	21
379	**Don Juan Padron**		**30**
f.9v	Juan Antonio	hijo	12

---

[53] No se encuentra en el presente *Rescate de Toponimia* de *IDECanarias* (2018).
[54] No se encuentra en el presente *Rescate de Toponimia* de *IDECanarias* (2018).

Casa/f.	Nombre	Descripción	Edad
380	Don Ambrosio de Armas		32
f.9v			
381	Doña Mariana Fernandez	viuda	--
f.9v	Luis	criado	30
	Juan	esclavo	60
382	Diego Machin		40
f.9v			
383	Antonio Gonzalez		32
f.9v			

Calle del Cerquito.[55]

Casa/f.	Nombre	Descripción	Edad
384	Bartolome Padron		30
f.9v			
385	Bicente Quintero		53
f.9v	Marcos	hijo	20
386	Pedro Quintero		20
f.9v			
387	Domingo Sanchez		28
f.9v			
388	Juan Rodriguez Pinto		50
f.9v	Joseph	hijo	22
389	Juan Francisco Villa Real		23
f.9v			
390	Antonio Sanchez		34
f.9v			
391	Catalina Padilla	[no consta]	--
f.9v			
392	Juan Garcia		42
f.9v	Pedro	hijo	14

---

[55] No se encuentra una calle "Cerquito" relacionada con la villa de Valverde en el presente *Rescate de Toponimia* de *IDECanarias* (2018).

Calle de la Plaza del Cavildo.[56]

Casa/f.	Nombre	Descripción	Edad
393	**El Capitán Don Felipe Bueno**	**capitan**	**34**
f.10r	Bictoriano	esclavo	14
394	**Don Diego Magdaleno**		**29**
f.10r			
395	**Rosa Rodriguez**	**viuda**	**--**
f.10r			
396	**Juan Fernandez**		**30**
f.10r			
397	**Don Juan de la Barreda**	**Presbitero**	**--**
f.10r	Domingo	criado	--
398	**Juana Quintero Alfonso**		**50**
f.10r			
399	**Manuel Padron**		**52**
f.10r			
400	**Manuel Padron Acosta**		**50**
f.10r			

Calle del Narangero.[57]

Casa/f.	Nombre	Descripción	Edad
401	**Don Juan de Armas Guadarrama**		**64**
f.10r	Joseph	hijo	16
	Diego	hijo	18
402	**Alonso Padilla**		**40**
f.10r	Manuel	criado	14
403	**Domingo Morales**		**66**
f.10r	Juan	criado	16

---

[56] Plaza del Cabildo, hoy en la Calle General Rodríguez y Sánchez Espinosa que se convierte en la Calle Los Naranjeros.
[57] Calle Los Naranjeros en el centro de Valverde.

Casa/f.	Nombre	Descripción	Edad
404	**Maria del Carmen Quintana**	**viuda**	**--**
f.10r	Pedro	hijo	13
405	**Francisco Hernandez**		**30**
f.10r			
406	**Don Sevastian de Ayala**		**42**
f.10r	Bernardo	hijo	20
407	**Don Rafael (A)**[58]	**[no consta]**	**24**
f.10r	Don Juan Miguel[59]	[no consta]	20
408	**Don Joseph Manuel Peraza**		**42**
f.10r			
409	**Don Miguel Espinosa Ayala**		**44**
f.10r	Pedro	hijo	15
	Marcos	criado	19
410	**El Capitán Don Juan de Ayala**	**capitan**	**70**
f.10r	Juan Baptista	hijo	12
	Sevastian	criado	14
411	**Francisco Padron Arteaga**		**69**
f.10r	Juan	hijo	24
412	**Maria Ortega**	**viuda**	**--**
f.10r			
413	**Diego Gonzalez**		**30**
f.10v			

---

[58] Don Rafael y Don Juan Miguel aparecen en la misma casa, y sin apellidos, contados como un vecino.

[59] Don Rafael y Don Juan Miguel aparecen en la misma casa, y sin apellidos, contados como un vecino.

Calle del Llano del Higo.[60]

Casa/f.	Nombre	Descripción	Edad
414	**Lucas Padron**		56
f.10v			
415	**Pedro Hernandez Gonzalez**		30
f.10v			
416	**Antonio del Cristo Suarez**		24
f.10v			
417	**Francisco Marrero**		58
f.10v	Diego	hijo	30
	Mateo	hijo	22
418	**Maria Padilla**	**viuda**	--
f.10v	Francisco	hijo	18
419	**Sebastian Gonzalez**		52
f.10v	Francisco	hijo	13
420	**Nicolas de Febles**		30
f.10v			
421	**Agustin Gonzalez**		50
f.10v	Manuel	hijo	16
422	**Felipe Casares**		49
f.10v			
423	**Pedro Ravelo**		44
f.10v			
424	**Juan Perez**		29
f.10v			
425	**Agustin de Leon**		40
f.10v	Carlos	hijo	12
426	**Pedro Mendoza**		29
f.10v			
427	**Agustin Quintero**		24
f.10v			

---

[60] No se encuentra en el presente *Rescate de Toponimia* de *IDECanarias* (2018).

Casa/f.	Nombre	Descripción	Edad
428	**Miguel Francisco Villa Real**		**35**
f.10v			
429	**Manuel Padron**		**29**
f.10v			
430	**Joseph Brito**		**30**
f.10v			

Barranco del Llano del Higo.[61]

Casa/f.	Nombre	Descripción	Edad
431	**Joseph Machin**		**30**
f.10v			
432	**Gonzalo Perez**		**50**
f.10v			
433	**Juan de Arteaga**		**29**
f.10v			
434	**Baltasar Garcia**		**30**
f.10v			
435	**Diego Gonzalez**		**50**
f.10v			
436	**Juan Padron**		**53**
f.10v			
437	**Pedro Quintero**		**80**
f.11r			
438	**Juan de Armas Barreda**		**50**
f.11r	Marcos	criado	14
439	**Ana Febles**	**viuda**	**--**
f.11r			

---

[61] No se encuentra en el presente *Rescate de Toponimia* de *IDECanarias* (2018).

Callejon qᵉ ba al Jondillo.[62]

Casa/f.	Nombre	Descripción	Edad
440	**Andres Francisco**		**54**
f.11r			
441	**Juan Palometa**		**44**
f.11r			
442	**Juan Francisco Quintero**		**65**
f.11r			
443	**Pedro Martin Roja**		**30**
f.11r			
444	**Baltasar de los Reyes**		**39**
f.11r			
445	**Juan Sanchez**		**69**
f.11r			
446	**Gabriel Padron**		**26**
f.11r			

Barrio del Cavo.[63]

Casa/f.	Nombre	Descripción	Edad
447	**Agueda de Espinosa**	**mo[sa] libre**	**--**
f.11r			

Callejon qᵉ ba al Barranco Aracome.[64]

Casa/f.	Nombre	Descripción	Edad
448	**Manuel Simon**		**50**
f.11r			
449	**Roque de Sampote**		**50**
f.11r			
450	**Blas Hernandez Romero**		**50**
f.11r			

---

[62] Existe hoy Calle El Hondillo en Valverde.
[63] Barrio El Cabo en el centro de Valverde.
[64] No se encuentra en el presente *Rescate de Toponimia* de IDECanarias (2018).

Casa/f.	Nombre	Descripción	Edad
451	**Margarita Padrona**	viuda	**--**
f.11r			
452	**Francisco Rodriguez**		**30**
f.11r			
453	**Pedro Quintero Alfonso**		**60**
f.11r			

Segundo callejon del Barranco de Aracome.[65]

Casa/f.	Nombre	Descripción	Edad
454	**Mateo Gutierrez**		**69**
f.11r	Ventura	hijo	16
455	**Juan Padron Quintero**		**30**
f.11r			
456	**Joseph Padron**		**28**
f.11r			
457	**Maria de Merida**	viuda	**--**
f.11r			
458	**Diego Padron**		**30**
f.11r			
459	**Magdalena de Merida**	viuda	**--**
f.11r	Lucas	hijo	12
460	**Juan Padron Severio**		**62**
f.11r			
461	**Blas Hernandez**		**50**
f.11r			
462	**Tomas Espinosa**		**50**
f.11v			
463	**Cayetano de Guadarrama**		**29**
f.11v			
464	**Juana de Brito**	viuda	**--**
f.11v	Cristoval	hijo	20

---

[65] No se encuentra en el presente *Rescate de Toponimia* de *IDECanarias* (2018).

Casa/f.	Nombre	Descripción	Edad
465	**Diego Espinosa**		**29**
f.11v			
466	**Sevastian Perez**		**59**
f.11v			
467	**Cristobal Perez**		**30**
f.11v			
468	**Don Bartolome Garcia**		**70**
f.11v			
469	**Juan Padron Salazar**		**59**
f.11v	Francisco	hijo	14
	Alonso	hijo	12
470	**Juana[66] Gonzalez**	**[no consta]**	**79**
f.11v			
471	**Juan Benites**		**40**
f.11v			
472	**Luis Real**		**60**
f.11v			
473	**Catalina Hernandez**	**viuda**	**--**
f.11v	Pedro	hijo	20
474	**Gregorio de Matos**		**25**
f.11v			
475	**Miguel Perez**		**30**
f.11v			
476	**Antonio Padron Salazar**		**40**
f.11v	Juan	hijo	14
477	**Don Gaspar de Armas**		**28**
f.11v			
478	**Juan Miguel Padron**		**29**
f.11v			
479	**Juan Padron Merida**		**26**
f.11v			

---

[66] Possiblemente un error, ya que se marca en el manuscrito como un vecino - no medio vecino, como se supone, siendo mujer. Además, normalmente las hembras se detallan como viudas, mosas, etc., y en este caso no aparece ese informe. El hecho es que puede ser "Juan" y no "Juana."

Barranco de Aracome y camino q^e [se repite "q^e"] ba a Santiago.[67]

Casa/f.	Nombre	Descripción	Edad
480 *f.11v*	**Francisco Martin**		**49**
481 *f.11v*	**Juana**[68] **Quintero**	**[no consta]**	**30**
482 *f.11v*	**Joseph Luis**		**50**
483 *f.11v*	**Domingo Perez**		**30**
484 *f.11v*	**Agustin Padron**		**29**
485 *f.11v*	**Maria de los Reyes**	viuda	**--**
486 *f.11v*	**Francisco Ferrara**		**49**
487 *f.11v*	**Blas de Castañeda**		**64**
488 *f.11v*	**Maria de Acosta**	viuda	**--**
	Francisco	hijo	18
	Blas	su hijo	12
489 *f.12r*	**Marcos Henrique**		**60**
490 *f.12r*	**Antonio Marraro [Marrero?]**		**40**

---

[67] Barrio Santiago en el centro de Valverde.

[68] Possiblemente un error, ya que se marca en el manuscrito como un vecino - no medio vecino, como se supone si es mujer. Además, normalmente las hembras se detallan como viudas, mosas, etc., y en este caso no aparece ese informe. El hecho es que puede ser "Juan" y no "Juana."

Camino que ba de S[n]tiago a la Bega.[69]

Casa/f.	Nombre	Descripción	Edad
491	**Agustin Gonzalez**		**10**[70]
f.12r			
492	**Cayetano de Armas**		**29**
f.12r			
493	**Guillen de Febles**		**44**
f.12r	Bartolome	hijo	18
494	**Ana Rodriguez**	**[no consta]**	**--**
f.12r			
495	**Diego de Merida**		**40**
f.12r			
496	**Ventura de Acosta**		**46**
f.12r			
497	**Pedro Fonte**		**60**
f.12r			
498	**Joseph Cabrera**		**30**
f.12r			
499	**Simon Tomas Lima**		**80**
f.12r	Juan Joseph	hijo	12
500	**Antonio de Armas**		**50**
f.12r	Juan	hijo	14
501	**Cristobal Sanchez**		**30**
f.12r			
502	**Gabriel de Merida**		**40**
f.12r			
503	**Francisca de Castañeda**	viuda	**--**
f.12r	Blas	hijo	13
504	**Maria Quintera**	viuda	**--**
f.12r	Joseph	hijo	14
505	**Baltasar de los Reyes**		**69**
f.12r			

---

[69] Barrio Santiago en el centro de Valverde. Se desconoce la referida vega.

[70] Su edad aparece en el manuscrito como 10, aunque se cuenta como un vecino; por lo que cabe que pueda ser 20 o 30.

Casa/f.	Nombre	Descripción	Edad
506	**Rafael Quintero**		**50**
f.12r			
507	**Don Manuel Magdalena**		**50**
f.12r	Lucas	hijo	14
	Joseph	hijo	12
508	**Don Angel Magdaleno**		**60**
f.12r	Mateo	hijo	28

Barranco de Damaso, ó Arena.[71]

Casa/f.	Nombre	Descripción	Edad
509	**Francisco Palomo**		**80**
f.12r			
510	**Antonio Hernandez**		**43**
f.12r	Diego	hijo	15
	Miguel	hijo	15
511	**Tomas Espinosa**		**50**
f.12v	Pablo	(hijo) sobrino[72]	14
512	**Francisco Perez**		**50**
f.12v			
513	**Cayetano Garcia**		**50**
f.12v	Francisco	hijo	14
	Juan	hijo	12
514	**Miguel Padron**		**30**
f.12v			
515	**Joseph Felipe**		**50**
f.12v			
516	**Juan Padron Perez**		**26**
f.12v			
517	**Juan de Armas Arteaga**		**80**
f.12v			

---

[71] No se encuentra en el presente *Rescate de Toponimia* de *IDECanarias* (2018).
[72] El manuscrito dice así textualmente: "(hijo) sobrino."

Casa/f.	Nombre	Descripción	Edad
518	**Miguel Hernandez**		**49**
f.12v	Francisco	hijo	14
	Juan	hijo	12
519	**Alonso Padron**		**34**
f.12v			
520	**Juan Pedro**		**60**
f.12v	Joseph	hijo	18
	Francisco	hijo	14
	Sevastian	hijo	12
521	**Miguel Fonte**		**50**
f.12v	Gabriel	hijo	14
522	**Francisco Hernandez**		**34**
f.12v			
523	**Lucas Hernandez**		**15**
f.12v			
524	**Don Antonio Espinosa**	**Presbitero** (D)	--
f.12v	Juan	criado	--
525	**Alonso Padron**		**50**
f.12v	Bartolome Padron	hijo	20
	Domingo	hijo	14
	Juan	hijo	12
526	**Micaela Garcia**	**viuda**	--
f.12v	Joseph	hijo	21
527	**Francisco Gutierrez**		**30**
f.12v			
528	**Nicolas Padron**		**70**
f.12v	Jacinto	hijo	12
529	**Gaspar de Arteaga**		**40**
f.12v	Joseph	hijo	12
530	**Juan de Fuentes**		**30**
f.12v			
531	**Joseph Padron**		**28**
f.12v			

Casa/f.	Nombre	Descripción	Edad
532	**Antonio Benites**		**50**
f.12v	Joseph	hijo	14
	[nombre roto][73]	[roto]	[roto]
533	**Salvador Francisco**		**70**
f.13r	Lucas	hijo	15
534	**Mateo Magdaleno**		**60**
f.13r	Francisco	hijo	18
	Antonio	hijo	14
535	**Don Pio de Acosta**		**44**
f.13r	Diego	hijo	12
536	**Don Domingo Rocha**		**90**[74]
f.13r	Bartolome	criado	18
537	**Don Juan de Acosta**		**65**
f.13r	Don Cristoval	hijo	18
	Manuel	criado	50
538	**Francisco Martin**		**28**
f.13r			
539	**Juan de Fuentes**		**50**
f.13r			

f. 13r - Dⁿ Jph Ventura Borges y Vello = Franᶜᵒ Brito = Yo Estevan Fernˢ Payba[75]
ssⁿᵒ ppᶜᵒ mayor de su consejo en esta Ysla, Certifico, y hago feé á los ss qᵉ la presente
vieren, como haviendo su mrd el sor Dⁿ Jph Ventura Borges y Bello[76] *Alcalde mayor de*
esta Ysla, mandó a mi el essⁿᵒ abriese el oficio qᵉ exerce Dⁿ Miguel de Espinosa[77] *essⁿᵒ*
ppᶜᵒ por estar ausente de esta Ysla y sacara en limpio el Padron que danese óriginal en el
y lo certificara por ser y pasar asi doy la presᵗᵉ en 9 de febrero de 1771. Estevan Fernz
Payba. essⁿᵒ ppᶜᵒ de c[ileg.]rᵈᵒ Grra y Ypotecas.

---

[73] Este individuo es hijo de Antonio Benitez, pero el papel esta cortado, ocultando su
nombre y parte de su edad de 12 o 13, 17, 18 o 19 - se ve que empieza con un numero uno.
[74] Su edad puede ser 20, pero es casi seguro un 90.
[75] Esteban Fernandez de Paiva, escribano público (activo 1744-1773), *Índice de los protocolos*
pertenecientes a las escribanías de la isla de El Hierro (La Laguna : Instituto de Estudios Canarios,
1974) 7.
[76] José Ventura Borges y Bello, Señor Alcalde Mayor (?-1775), véase "1775, diciembre, 24
Títulos. *Título de Alcalde Mayor de la isla de El Hierro, por renuncia de don José Ventura Borges y*
Bello, para don Juan de Acosta Martel," Archivo de la Casa Fuerte de Adeje.
[77] Miguel Espinosa de Ayala, escribano público (activo 1767-1781, *Índice de los protocolos*, 7.

f. 13r-15v - Le sigue un resumen de cada pago; véase el Apéndice.

Apartado 2

~ *Savinosa, Llanillos, la Frontera, Varlovento* ~

Juan Apolinario Rocha, enero 1771

f. 15r - Vecinos qᵉ tiene el Lugar de Savinosa, Llanillos, Tigaday, la Frontera, primera y segunda Jurisdicion de Varlovento en esta Ysla del Hierro, según Padron que ca[ll]eita se forma en el mes de Enero de mil septecientos setenta y un años con asistencia del señor Dⁿ Juan Apolinario Rocha Benerable Beneficiado Rector y Vicario en esta Ysla y los Alcaldes de las Jurisdiciones con expresion de las Personas Varones que componen cada familia y sus edades.

Lugar de Savinosa.[78]

Casa/f.	Nombre	Descripción	Edad
540	**Maria de Febles**	**viuda**	**--**
f.15r	Juan	su hijo	20
	Francisco	su hijo	16
	Joaquin	su hijo	12

---

[78] Sabinosa en El Golfo, estos pagos y los que le siguen.

La montaña de Savinosa.[80]

Casa/f.	Nombre	Descripción	Edad
541	**Francisco Casañas**		**60**
f.15r	Lucas	hijo	20
542	**Tomas Quintero**		**37**
f.15r			
543	**Miguel Padron**		**24**
f.15r			
544	**Blasina Quintero**	**viuda**	**--**
f.15r			

Pico de la montañeta.

Casa/f.	Nombre	Descripción	Edad
545	**Ana Febles**	**viuda**	**--**
f.15r			
546	**Antonio Francisco**		**48**
f.15r	Francisco	su hijo	21
547	**Leonisa Febles**	**viuda**	**--**
f.15r	Joseph	su hijo	17
548	**Constansa de Jesus**	**mosa**	**--**
f.15r			
549	**Gaspar Dias**		**27**
f.15r			

Del Callejon Arriva.

Casa/f.	Nombre	Descripción	Edad
550	**Juan Quintero**		**32**
f.15v			

Casa/f.	Nombre	Descripción	Edad
551	**Maria Febles**	**viuda**	**--**
f.15v	Francisco	su hijo	18
	Sevastian	su hijo	15
	Domingo	[no consta][79]	13
	Manuel	entenado	20
552	**Marcos Francisco**		**26**
f.15v			
553	**Juan de Casañas**		**55**
f.15v	Miguel	su hijo	18
	Diego	su hijo	16
554	**Juan de Leon**		**50**
f.15v	Andres	su hijo	15
555	**Marcos Quintero**		**45**
f.15v	Andres	su hijo	23
	Bartolome	su hijo	14
556	**Joseph de Brito**		**57**
f.15v	Marcos	su hijo	16
557	**Francisco Casañas**		**27**
f.15v			
558	**Juan Perez**		**30**
f.15v			
559	**Diego Brito**		**28**
f.15v			

Juridicion de los Llanillos.[80]

Casa/f.	Nombre	Descripción	Edad
560	**Maria de Acosta**	**viuda**	**--**
f.15v			
561	**Ana Morales**	**viuda**	**--**
f.15v			

---

[79] Se puede deducir que es hijo, ya que sigue por edad a Sebastián.
[80] Los Llanillos, El Golfo.

Casa/f.	Nombre	Descripción	Edad
562	**Joseph de Febles Ayres**		**30**
f.15v			

Jurisdicion de Merece, Tigaday, y Belgara.[81]

Casa/f.	Nombre	Descripción	Edad
563	**Andres Padron**		**25**
f.15v			
564	**Juan Fernandez**		**26**
f.15v			
565	**Juan de Cabrera**		**35**
f.15v			
566	**Juan de Espinosa**		**71**
f.15v			
567	**Juan Quintero Mocan**		**30**
f.15v			
568	**Alonso Peraza**		**21**
f.15v			
569	**Simon Hernandez (A)**		**44**
f.16r	Simo [Simon][82]	su hijo	15
	Juan	su hijo	13
570	**Manuel Gonzalez**		**33**
f.16r			
571	**Miguel Padron**		**44**
f.16r	Diego	su hijo (A)	33
572	**Francisco de Armas**		**70**
f.16r			
573	**Maria de Acosta**	**viuda**	**--**
f.16r	Bartolome	hijo	20
	Francisco	hijo (A)	17
	Joseph	hijo (A)	13

---

[81] Merese, Tigaday y Belgara en El Golfo.
[82] Aparece en el texto como "Simo," pero es probablemente Simón.

Casa/f.	Nombre	Descripción	Edad
574 *f.16r*	**Juan Gutierrez Martel**		**55**
575 *f.16r*	**Sevastian Perez**		**70**
576 *f.16r*	**Bentura Guadarrama**		**32**

Juridicion de la Frontera, Lapas, Auchon,[83] *Corchos, Mocanes, pie del Risco, Guinea, Roque de los Morotes, y Belgara del camino abajo.*

Velgara.[84]

Casa/f.	Nombre	Descripción	Edad
577 *f.16r*	**Gonzalo Padron**		**80**
578 *f.16r*	**Domingo Gutierrez**		**38**
579 *f.16r*	**Joseph Espinosa**		**37**
580 *f.16r*	**Juan Gutierrez Gato**		**35**

Lapas.

Casa/f.	Nombre	Descripción	Edad
581 *f.16r*	**Guillermo Hernandez**		**47**
	Marcelo	su hijo	18
	Juan	su hijo	15
582 *f.16r*	**Maria Febles**	**viuda**	**--**

---

[83] El Lunchón?
[84] Belgara.

Casa/f.	Nombre	Descripción	Edad
583 *f.16r*	**Cayetano de Armas**		**40**
584 *f.16v*	**Francisco Quintero**		**28**
585 *f.16v*	**Petronila Quintero**	viuda	--
586 *f.16v*	**Sevastian de Cabrera**		**60**

Corchos.

Casa/f.	Nombre	Descripción	Edad
587 *f.16v*	**Francisco Quintero** Agustin Miguel	 su hijo su hijo	**44** 15 13

Auchon.[85]

Casa/f.	Nombre	Descripción	Edad
588 *f.16v*	**Manuel Perez Toledo**		**63**
589 *f.16v*	**Baltasar de Febles**		**30**

Pie del Risco.

Casa/f.	Nombre	Descripción	Edad
590 *f.16v*	**Estevan Lopez**		**55**

---

[85] El Lunchón?

Mocanes.

Casa/f.	Nombre	Descripción	Edad
591	**Bernabe Gonzalez**		**80**
f.16v	Marcos Francisco	su hijo (A)	30
592	**Carlos Garcia**		**35**
f.16v			
593	**Juan Gonzalez Quintero**		**59**
f.16v			
594	**Juan de Espinosa**		**24**
f.16v			
595	**Agustin Pinto**		**24**
f.16v			
596	**Juan de Fleytas**		**36**
f.16v	Antonio	su hijo	19
	Marcos	hijo (A)	20

Roque de los Morotes.

Casa/f.	Nombre	Descripción	Edad
597	**Joseph Gonzalez**		**30**
f.16v			
598	**Maria de Acosta**[86]	**viuda**	**--**
f.16v	Ynes Gutierrez[87]	viuda	--
599	**Joseph Garcia**		**30**
f.16v			
600	**Agustin Castañeda**		**62**
f.16v			

---

[86] Maria de Acosta e Ynes Gutierrez aparecen en una linea; posiblemente una misma casa.
[87] Maria de Acosta e Ynes Gutierrez aparecen en una linea; posiblemente una misma casa.

Juridicion primera de Varlovento.[88] Hoyo Redonda.

Casa/f.	Nombre	Descripción	Edad
601	**Juan de Fleytas**		**19**
f.16v			
602	**Francisco Mesa**		**30**
f.16v			
603	**Miguel Quintero**		**55**
f.16v	Juan	su hijo (A)	19
604	**Bartolome Gonzalez Castañeda**		**51**
f.17r	Juan	su hijo	15

Malpaiz [Hoyo del Barrio].[89]

Casa/f.	Nombre	Descripción	Edad
605	**Francisco Quintero**		**40**
f.17r	Andres	su hijo	13
606	**Andres Perez**		**80**
f.17r			
607	**Don Bartolome Barreda**		**50**
f.17r	Diego	su hijo	21
	Juan	su hijo	18
608	**Juan Perez Llanos**		**60**
f.17r	Bartolome	su hijo	13
609	**Francisco Morales (A)**		**30**
f.17r	Juan	hijo	13
610	**Baltasar Hernandez Febles**		**35**
f.17r			

---

[88] Barlovento.

[89] El nombre antiguo del Hoyo del Barrio era *Malpais*, Carlos Quintero Reboso, *El Hierro: una isla singular* ([Valverde]: Excmo. Cabildo Insular de El Hierro; Tenerife : Centro de la Cultura Popular Canaria, 1997-2001) 310.

Casa/f.	Nombre	Descripción	Edad
611	**Juan Padron Armas**		**27**
f.17r			
612	**Sevastian Gonzalez Blanco**		**64**
f.17r	Juan	hijo (A)	40
613	**Don Cristoval de Acosta**		**35**
f.17r			
614	**Manuel Perez**		**60**
f.17r	Manuel	su hijo (A)	20
	Bernardo	su hijo	14
	Antonio	su hijo	12
615	**Agustin Padron (A)**		**30**
f.17r			
616	**Lorenso Padron Armas**		**72**
f.17r			
617	**Juan Brito**		**30**
f.17r			
618	**Juan Barreda**		**45**
f.17r			
619	**Manuel Gonzalez Grillo**		**80**
f.17r			
620	**Gonzalo Martin**		**55**
f.17r	Juan	hijo	14
621	**Bernardo Mesa**		**40**
f.17r			
622	**Juan Francisco**		**30**
f.17r			
623	**Manuel Brito**		**32**
f.17r			
624	**Alonso Morales**		**80**
f.17r			

Casa/f.	Nombre	Descripción	Edad
625	**Francisca Peres**[90]	**viuda**	**--**
f.17r	Maria de los Reyes[91]	viuda	--
626	**Manuel Simancas**		**46**
f.17r			
627	**Francisco Castro**		**49**
f.17v	Francisco	su hijo	21
628	**Mateo Padron Roque**		**88**
f.17v	Joseph [Castañeda]	criado[92]	13
629	**Bartolome Hernandez Febles**		**63**
f.17v	Juan	hijo	25
630	**Miguel de Fleytas**		**45**
f.17v			
631	**Juan Fernandez Armas**		**55**
f.17v			
632	**Lucas Fernandez de Armas**		**30**
f.17v			
633	**Salvador Morales**		**50**
f.17v	Juan	hijo	23
	Yoracio	hijo	15
634	**Juan Francisco**		**45**
f.17v			
635	**Sebastian Cabrera**		**30**
f.17v			
636	**Francisco Quintero**		**25**
f.17v			
637	**Antonio Padron Arguela**		**61**
f.17v	Fernando	hijo (A)	32
	Francisco	hijo (A)	21
	Juan	hijo (A)	19

---

[90] Francisca Peres y Maria de los Reyes aparecen en una linea; posiblemente una misma casa.
[91] Francisca Peres y Maria de los Reyes aparecen en una linea; posiblemente una misma casa.
[92] El texto agrega que es "hijo de [Joseph] Castañeda."

Casa/f.	Nombre	Descripción	Edad
638	**Bernardo Perez**		**30**
f.17v			
639	**Clara Hernandez**[93]	**viuda**	**--**
f.17v	Catalina Espinosa[94]	viuda	--
640	**Gaspar Diaz**		**45**
f.17v			
641	**Melchora de Febles**	**viuda**	**--**
f.17v	Fernando	hijo (A)	20
642	**Domingo Ferrera**		**80**
f.17v			

Tenesedra.[95]

Casa/f.	Nombre	Descripción	Edad
643	**Diego Padron**		**45**
f.17v			
644	**Juan Quintero Espinosa**		**60**
f.17v			
645	**Juan de la Cruz**		**41**
f.17v	Juan	hijo	13
646	**Pedro de Armas**		**30**
f.17v			
647	**Diego Garcia Delgado**		**67**
f.17v			
648	**Maria de Toledo**	**viuda**	**--**
f.17v			

---

[93] Clara Hernandez y Cataliina Espinosa aparecen en una linea; posiblemente una misma casa.

[94] Clara Hernandez y Cataliina Espinosa aparecen en una linea; posiblemente una misma casa.

[95] En el este de Barlovento, al norte de Hoyo del Barrio.

Casa/f.	Nombre	Descripción	Edad
649	**Mateo de Armas**	**(n)**	**49**
f.17v	Pedro	hijo (A)	30
	Juan	hijo (A)	25
f.18r	Luis	hijo	20
	Francisco	hijo	13
650	**Elena Brito**	**viuda**	**--**
f.18r	Cayetano	hijo	15
651	**Miguel Garcia**		**52**
f.18r	Francisco	hijo	15
	Miguel	hijo	13

Barranco de Taguasinte.[96]

Casa/f.	Nombre	Descripción	Edad
652	**Bartolome Gonzalez**		**63**
f.18r	Juan	hijo	22
653	**Juan Gonzalez Castañeda**		**55**
f.18r			
654	**Juan Francisco**		**70**
f.18r			
655	**Joseph Ferrera**		**40**
f.18r			
656	**Sebastian Padron**		**30**
f.18r			
657	**Juan Gutierrez**		**55**
f.18r	Juan	hijo (A)	22
658	**Francisco Febles**		**60**
f.18r	Bartolome	hijo (A)	23
659	**Manuel Espinosa**		**76**
f.18r			
660	**Juan Padron Flamenco**		**30**
f.18r			

---

[96] En Hoyo del Barrio.

Casa/f.	Nombre	Descripción	Edad
661	**Diego Martel**		**33**
f.18r			
662	**Juan de Brito**		**60**
f.18r			

Callejo de Aguarijo.[97]

Casa/f.	Nombre	Descripción	Edad
663	**Francisco Nuñez**		**36**
f.18r			
664	**Francisco Brito**		**47**
f.18r	Pedro	su hijo	20
	Nicolas	hijo	16
665	**Juan Perez Perdigon**		**85**
f.18r	Francisco	hijo (A)	47
666	**Francisco Suarez**		**87**
f.18r			
667	**Antonio Espinosa**		**42**
f.18r			

Mocanal del camino abajo.

Casa/f.	Nombre	Descripción	Edad
668	**Maria de Febles**	viuda	--
f.18r	Miguel	hijo	20
	Bernardo	hijo	16
669	**Salvador Padron Acosta**		**48**
f.18v			
670	**Juan de Febles**		**26**
f.18v			
671	**Juan Padron Zamora**		**28**
f.18v	Antonio	hijo	18

---

97 En el norte de Tenesedra.

Casa/f.	Nombre	Descripción	Edad
672	**Miguel de Mesa**		**32**
f.18v			

Mocanal del camino de Sⁿ Pedro arriva
a un lado y otro del Barranco de Mocanal.

Casa/f.	Nombre	Descripción	Edad
673	**Agustin de Armas**		**32**
f.18v			
674	**Francisco Morales**		**36**
f.18v			
675	**Catalina Martin**	**viuda**	**--**
f.18v	Manuel	su hijo	16
	Diego	su hijo	19
676	**Francisco de Armas**		**32**
f.18v			
677	**Ana Espinosa**	**viuda**	**--**
f.18v	Manuel	su hijo (A)	34
	Juan	hijo (A)	20
678	**Maria Febles**[98]	**mosa**	**--**
f.18v	Antonia Febles[99]	mosa	--
679	**Francisco Nuñez**		**33**
f.18v			
680	**Mateo de Armas Nuñez**		**70**
f.18v	Juan	hijo	21
681	**Francisca Quintero**	**mosa soltera**	**--**
f.18v	Juan	hijo	13
682	**Antonio Marquez**		**61**
f.18v	Tomas	hijo	20
683	**Juan de Leon**		**43**
f.18v			

---

[98] Maria y Antonia Febles aparecen en una linea; posiblemente una misma casa.
[99] Maria y Antonia Febles aparecen en una linea; posiblemente una misma casa.

Casa/f.	Nombre	Descripción	Edad
684	**Mateo de Armas**		**28**
f.18v			
685	**Juan Sanchez**		**16**
f.18v			
686	**Francisco Hernandez Coton**		**56**
f.18v	Bartolome	hijo	13
687	**Catalina Perez**	**viuda**	--
f.18v			
688	**Don Joseph Morales**		**54**
f.18v	Simo [Simon][100]	hijo	19
689	**Juan Padron Lima**		**32**
f.18v			
690	**Ana Castañeda**	**viuda**	--
f.18v	Andres	hijo	18
691	**Mateo de Armas Marquez**		**32**
f.18v			
692	**Salvador Padron Garcia**		**22**
f.18v			
693	**Don Agustin Padron**		**60**
f.19r	Mateo	hijo	13
694	**Francisca de Armas**	**viuda**	--
f.19r			
695	**Marcos de Mesa**		**37**
f.19r			

Vetenama entre los Barrancos.[101]

Casa/f.	Nombre	Descripción	Edad
696	**Catalina Padrona**	**viuda**	--
f.19r	Gonzalo	hijo	21

---

[100] Aparece en el texto como "Simo," pero es probablemente Simón.
[101] Bentenama.

Casa/f.	Nombre	Descripción	Edad
697	**Maria Quintero**	**viuda**	--
f.19r			
698	**Maria Quintero**	**mosa soltera**	--
f.19r			
699	**Fernando de la Concepcion**		24
f.19r			
700	**Gonzalo Padron Gallego**		61
f.19r	Juan	hijo	18
	Simon	hijo	15
701	**Juan Marques**		40
f.19r			
702	**Juan Quintero Nuñez**		65
f.19r	Manuel	hijo (A)	22
	Miguel	hijo (A)	24
	Antonio	hijo	16
703	**Rita Padrona**[102]	**libre**	--
f.19r	Ana Padrona[103]	libre	--
704	**Luis Suarez**		44
f.19r			
705	**Juan Martel**		33
f.19r			
706	**Mateo Guadarrama**		39
f.19r	Juan	hijo	14
707	**Manuel de Febles**		46
f.19r	Juan	hijo (A)	18
708	**Nicolas Quintero**		28
f.19r			
709	**Pedro Brito**		82
f.19r			

---

[102] Rita y Ana Padrona aparecen en una linea; posiblemente una misma casa.
[103] Rita y Ana Padrona aparecen en una linea; posiblemente una misma casa.

Casa/f.	Nombre	Descripción	Edad
710	**Juan Padron Sirguela**		**62**
f.19r	Gaspar	hijo (A)	25
	Fernando	hijo (A)	20
	Nicolas	hijo	15
	Manuel	hijo	13
711	**Baltasar de Febles**		**50**
f.19r	Nicolas	hijo	20
712	**Francisco Taramago**		**46**
f.19r			
713	**Simon de Lima**		**48**
f.19v			
714	**Juan de Toledo Espauta**		**82**
f.19v	Juan	hijo	36
	Joseph	hijo (A)	30
	Lazaro	hijo	25
	Fernando	hijo	23
715	**Marcos de Armas Guillen**		**55**
f.19v	Alonso	hijo	26
	Francisco	hijo	23
716	**Ana Febles**	**viuda**	**--**
f.19v			

Tesbabo.

Casa/f.	Nombre	Descripción	Edad
717	**Catalina Gonzalez**	**viuda**	**--**
f.19v			
718	**Bartolome Gonzalez Blanco**		**44**
f.19v	Juan	hijo (A)	18
	Ventura	hijo	16
719	**Juan Quintero Lima**		**37**
f.19v			

Casa/f.	Nombre	Descripción	Edad
720	**Antonio Padron de Dios**		**49**
f.19v	Juan	hijo	13
721	**Rufina [no consta]**	**moza libre**	**--**
f.19v			
722	**Lorenso Manzano**		**55**
f.19v			
723	**Francisco de Leon Tampa**		**64**
f.19v			
724	**Pedro de Leon**		**23**
f.19v			
725	**Manuel Perez**		**26**
f.19v			
726	**Alonso Infante**		**48**
f.19v	Juan	hijo	15
	Alonso	hijo	13
727	**Juan Gonzalez**		**63**
f.19v			
728	**Manuel Morales**		**25**
f.19v			
729	**Joseph Hernandez**		**50**
f.19v	Luis	hijo	16
	Diego	hijo	14
	Joseph	hijo	13
730	**Juan Padron**		**26**
f.19v			

Segunda Juridicion de Varlovento Barranco de Artenga.[104]

Casa/f.	Nombre	Descripción	Edad
731	**Baltasar de los Reyes**		**62**
f.20r	Nicolas	hijo (A)	40
	Juan	hijo (A)	35
	Fernando	hijo (A)	20
732	**Pedro Quintero Molero**		**26**
f.20r			
733	**Juan de Herrera**		**26**
f.20r			
734	**Baltasar de Armas**		**35**
f.20r			

Barranco de Tesbabo.

Casa/f.	Nombre	Descripción	Edad
735	**Juan Martel [Tayose?]**		**70**
f.20r			
736	**Juan Padron Castro**		**50**
f.20r	Gonzalo	hijo	14
737	**Matias Francisco**		**40**
f.20r			
738	**Miguel Padron**		**65**
f.20r			
739	**Pedro Quintero Frias**		**30**
f.20r			
740	**Francisco de Armas**		**30**
f.20r			
741	**Pedro Quintero Febles**		**57**
f.20r	Juan	hijo	13

---

[104] Barlovento y Artenga.

Barranco de Herese.[105]

Casa/f.	Nombre	Descripción	Edad
742	**Ysabel Reyna**[106]	**[no consta]**	**--**
f.20r	Catalina Reyna[107]	[no consta]	--
743	**Pedro Gonzalez**		**30**
f.20r			
744	**Andres Alfonso**		**57**
f.20r			

Del camino arriba.[108]

Casa/f.	Nombre	Descripción	Edad
745	**Bruno de Leon**		**35**
f.20r			
746	**Sebastiana Martela Juana**[109]	**[no consta]**	**--**
f.20r	Bartolomina[110] [no consta]	[no consta]	--
747	**Melchor Garcia**		**60**
f.20r	Diego	su hijo (A)	22
748	**Maria Casañas**[111]	**viuda**	**--**
f.20r	Juana Casañas[112]	viuda	--
749	**Gonzalo Padron Garcia**		**60**
f.20r	Simon	hijo	31
	Gonzalo	hijo	23
	Francisco	hijo	19
	Joseph	hijo (A)	16

---

[105] Erese.

[106] Ysabel y Catalina Reyna aparecen en una linea; posiblemente una misma casa.

[107] Ysabel y Catalina Reyna aparecen en una linea; posiblemente una misma casa.

[108] Se supone hacia Las Montañetas.

[109] Sebastiana Martela Juana y Bartolomina aparecen en una linea; posiblemente una misma casa; es posible que sean tres: Sebastiana Martela, Juana y Bartolomina.

[110] Sebastiana Martela Juana y Bartolomina aparecen en una linea; posiblemente una misma casa; es posible que sean tres: Sebastiana Martela, Juana y Bartolomina..

[111] Maria y Juana Casañas aparecen en una linea; posiblemente una misma casa.

[112] Maria y Juana Casañas aparecen en una linea; posiblemente una misma casa.

Casa/f.	Nombre	Descripción	Edad
750	**Juan Casañas Perez**		**30**
f.20v			
751	**Ynes Casañas**[113]	**[no consta]**	**--**
f.20v	Maria Casañas[114]	[no consta]	--
752	**Simon Garcia Morales**		**50**
f.20v	Juan	hijo (A)	23
	Martin Sanchez	hijo	20
753	**Ysavel Quintero**	**viuda**	**--**
f.20v	Juan	hijo	37
754	**Francisco de Febles Merencio**		**38**
f.20v			

Camino qᵉ sale a las Montañetas.

Casa/f.	Nombre	Descripción	Edad
755	**Andres Machin**		**30**
f.20v			
756	**Francisco Padron**		**44**
f.20v	Pedro	hijo (A)	21
	Miguel	hijo	18
	Francisco	hijo	15
	Juan	hijo	13
757	**Maria Morales**[115]	**[no consta]**	**--**
f.20v	Luysa Morales[116]	[no consta]	--
758	**Francisco Gusman Dorado**		**66**
f.20v	Alonso	hijo	34

---

[113] Ynes y Maria Casañas aparecen en una linea; posiblemente una misma casa.
[114] Ynes y Maria Casañas aparecen en una linea; posiblemente una misma casa.
[115] Maria y Luysa Morales aparecen en una linea; posiblemente una misma casa.
[116] Maria y Luysa Morales aparecen en una linea; posiblemente una misma casa.

Casa/f.	Nombre	Descripción	Edad
759	**Juan de Armas Castro**		**48**
f.20v	Juan	hijo (A)	21
	Miguel	hijo	18
	Francisco	hijo	13
760	**Cayetano Padron**		**23**
f.20v			
761	**Pedro Padron**		**56**
f.20v			
762	**Pedro Brto [sic]**		**30**
f.20v			
763	**Don Rodrigo Machin**		**56**
f.20v	Gonzalo	hijo	19
764	**Martin Padron**		**26**
f.20v			
765	**Juan Padron de Dios**		**48**
f.20v			
766	**Matias Padron**		**26**
f.20v			
767	**Simon Garcia Padron**		**34**
f.20v			
768	**Antonio Chaves**		**30**
f.20v			
769	**Juan de Matos**		**34**
f.20v			
770	**Antonio Padron**		**30**
f.20v			
771	**Juan Garcia Padron**		**64**
f.20v	Juan	hijo (A)	19

Camino de Herese, abajo.[117]

Casa/f.	Nombre	Descripción	Edad
772	**Francisco Morales**		**48**
f.21r			
773	**Juan de Casañas Zamora**		**48**
f.21r	Juan	hijo (A)	16
774	**Francisco de Matos**		**66**
f.21r			
775	**Juan de Brito**		**55**
f.21r	Mateo	hijo	23
776	**Juana Febles**	**viuda**	--
f.21r	Antonio	nieto	16
777	**Gonzalo Padron de Castro**		**58**
f.21r	Juan	hijo (A)	28
	Gonzalo	hijo	22
778	**Manuel de Armas**		**25**
f.21r			

Lugar de Guarasoca y su Barranco de dho Lugar.

Casa/f.	Nombre	Descripción	Edad
779	**Bartolome Garcia**		**48**
f.21r	Joseph	hijo	14
	Juan	hijo	13
780	**Leonis de Febles**		**46**
f.21r			
781	**Gaspar Dias**		**48**
f.21r			
782	**Francisco Padron**		**48**
f.21r	Alonso	hijo	13

---

[117] Erese.

Casa/f.	Nombre	Descripción	Edad
783	**Antonio Machin**		**48**
f.21r			
784	**Joseph Francisco**		**32**
f.21r			
785	**Josepha de Febles**[118]	**[no consta]**	**--**
f.21r	[no consta] de Febles[119]	hermana	--
786	**Alonso Machin**		**46**
f.21r	Francisco	hijo	18
	Miguel	hijo	14
787	**Andres de Flores**		**24**
f.21r			
788	**Maria Martela**	**viuda**	**--**
f.21r	Alonso	hijo	30
789	**Francisco Jacil**		**40**
f.21r			
790	**Mateo de Febles**		**60**
f.21r	Juan	hijo	16
791	**Gonzalo Padron Gutierrez**		**40**
f.21r			
792	**Alonso Gutierrez**		**50**
f.21v			
793	**Alonso de Armas**		**25**
f.21v			
794	**Marcos Quintero**		**46**
f.21v	Juan	hijo	15
795	**Agustin Martin Francisco**		**40**
f.21v			
796	**Francisco Toledo**		**46**
f.21v	Juan	hijo	13

---

[118] Josepha de Febles y su hermana aparecen en una linea; posiblemente una misma casa.
[119] Josepha de Febles y su hermana aparecen en una linea; posiblemente una misma casa.

Casa/f.	Nombre	Descripción	Edad
797	**Maria de Febles**[120]	**viuda**	**--**
f.21v	Miguel	hijo[121]	13
	Ynes Casañas[122]	viuda	--
798	**Francisco Toled [sic] Lima**		**60**
f.21v			
799	**Juan de Toledo Martel**		**60**
f.21v			
800	**Marcelo Hernandez**		**25**
f.21v			
801	**Francisco Machin**		**30**
f.21v			
802	**Antonia Paula**	**mosa soltera**	**--**
f.21v	Alonso	hijo	20
	Juan	hijo	15
803	**Nicolas Barreda**		**40**
f.21v	Cristoval	hijo	13
804	**Juan de Toledo**		**23**
f.21v			
805	**Juan Garcia**		**73**
f.21v			
806	**Juan Antonio Quintero**		**26**
f.21v			
807	**Agustin Padron**		**30**
f.21v			
808	**Bartolome Guadarrama**		**35**
f.21v			
809	**Francisco Padron**		**25**
f.21v			
810	**Juan de Leon Jaramago**		**60**
f.21v	Marcelo	hijo	13

---

[120] Maria de Febles e Ynes Casañas aparecen en una linea; posiblemente una misma casa.
[121] El texto dice que Miguel es "hijo de Maria Febles."
[122] Maria de Febles e Ynes Casañas aparecen en una linea; posiblemente una misma casa.

Casa/f.	Nombre	Descripción	Edad
811	**Juan de Casañas Sedas**		**50**
f.21v			
812	**Juan Gutierrez**		**45**
f.21v			
813	**Gonzalo Padron**		**30**
f.21v			
814	**Simon de Lima**		**64**
f.21v	Gonzalo	hijo (A)	21
	Bernardo	hijo	15
815	**Simon Garcia Padron**		**48**
f.21v			
816	**Maria Morales**	viuda	--
f.21v			
817	**Juan de Herrera (A)**		**30**
f.21v			
818	**Gonzalo Martin**		**33**
f.21v			

Lugar de los cortados, camino arriba.[123]

Casa/f.	Nombre	Descripción	Edad
819	**Francisco Castro**		**30**
f.22r			
820	**Bartolome Padron**		**60**
f.22r			
821	**Baltasar Mendez**		**40**
f.22r			
822	**Juan Padron Martel**		**40**
f.22r			
823	**Joseph Padron Febles**		**40**
f.22r	Juan	hijo	13

---

[123] Los Cortados no se encuentra en el presente *Rescate de Toponimia* de *IDECanarias* (2018).

Casa/f.	Nombre	Descripción	Edad
824	**Agustin Castañeda**		**26**
f.22r			
825	**Diego Montero**		**35**
f.22r			
826	**Francisco Morales Padron**		**37**
f.22r			
827	**Juan Gonzalez Chirate**		**59**
f.22r	Pedro	hijo (A)	27
	Juan	hijo	26
828	**Simon de Lima**		**35**
f.22r			
829	**Juan de Castañeda Mendes**		**36**
f.22r			
830	**Gonzalo Perez**		**40**
f.22r	Manuel	hijo	14
831	**Baltasar Morales**		**45**
f.22r	Manuel	hijo	27
	Baltasar (A)	[hijo]	22
	Francisco	hijo	17
832	**Francisco Padron**		**30**
f.22r			
833	**Maria Casañas**	viuda	--
f.22r	Juan	hijo	13

Casas del monte.[124]

Casa/f.	Nombre	Descripción	Edad
834	**Ana Febles**[125]	viuda	--
f.22r	Maria Padrona[126]	viuda	--

---

[124] Entre Erese y Las Montañetas.
[125] Ana Febles y Maria Padrona aparecen en una linea; posiblemente una misma casa.
[126] Ana Febles y Maria Padrona aparecen en una linea; posiblemente una misma casa.

Casa/f.	Nombre	Descripción	Edad
835	**Andres Padron**		**45**
f.22r			
836	**Juan de Medina**		**51**
f.22r	Francisco	hijo	13
837	**Juan Quintero**		**70**
f.22r	Juan	hijo	29
	Mateo	hijo (A)	28
	Pedro	hijo (A)	26
838	**Juan de Morales Padron**		**40**
f.22r	Pedro	hijo	13
839	**Marcos Quintero**		**56**
f.22v	Francisco	hijo (A)	24
	Juan	hijo (A)	19
	Marcos	hijo	15
840	**Gaspar Dias Martel**		**60**
f.22v	Francisco	hijo	20
	Blas	hijo	16
841	**Maria Padrona**[127]	**[no consta]**	**--**
f.22v	Micaela Mesa[128]	hermana	--
	Fernando	hijo[129]	--

Montañetas.

Casa/f.	Nombre	Descripción	Edad
842	**Mateo Fernandez**		**55**
f.22v	Francisco	hijo (A)	30
	Matias	hijo (A)	20
	Joseph	hijo	13

---

[127] Maria Padrona y Micaela Mesa, hermanas, aparecen en una linea; posiblemente una misma casa.

[128] Maria Padrona y Micaela Mesa, hermanas, aparecen en una linea; posiblemente una misma casa.

[129] Se espicifica que es hijo de la segunda, la hermana Micaela Mesa.

Casa/f.	Nombre	Descripción	Edad
843	**Guillermo Hernandez**		**75**
f.22v			
844	**Francisco de Armas**		**40**
f.22v	Antonio	hijo	20
	Martin	hijo	13
845	**Ysavel Quintera**	**viuda**	**--**
f.22v	Juan	hijo	18
846	**Francisco Hernandez**		**48**
f.22v	Bernardo	hijo	18
847	**Don Cayetano de Armas**		**30**
f.22v			
848	**Antonia de Leon**[130]	**viuda**	**--**
f.22v	Catalina de Leon[131]	viuda	--
849	**Juan Marques**		**40**
f.22v			
850	**Juan de Leon Toledo**		**44**
f.22v			
851	**Juan Padron de Acosta**		**70**
f.22v			
852	**Francisco de Leon**		**30**
f.22v			
853	**Juan Padron Flamenco**		**71**
f.22v	Gonzalo	hijo	18
854	**Francisco de Castro**		**30**
f.22v			
855	**Juan Padron Febles**		**40**
f.22v			
856	**Don Pedro de Armas**		**43**
f.22v	Juan	Hijo	18
	Pedro	hijo	17
	Gonzalo	hijo	13

---

[130] Antonia y Catalinia de leon aparecen en una linea; posiblemente una misma casa.
[131] Antonia y Catalinia de leon aparecen en una linea; posiblemente una misma casa.

Casa/f.	Nombre	Descripción	Edad
857	**Juan de Febles Dias**		**47**
f.23r	Fernando	hijo (A)	13
858	**Gonzalo Padron Montero**		**70**
f.23r	Juan	hijo	25
859	**Diego Gonzalez**		**35**
f.23r			
860	**Francisco Xavier Zamora**		**40**
f.23r			
861	**Juan de Leon Quintero**		**70**
f.23r			
862	**Maria Casañas**	viuda	--
f.23r	Diego	hijo (A)	18
	Juan	hijo	13
863	**Francisco Mendez (A)**		**40**
f.23r			
864	**Mateo Padron**		**35**
f.23r			
865	**Agustin de Leon**		**44**
f.23r	Fernando	hijo (A)	13
	Francisco	hijo	18
866	**Juan Padron Morales**		**70**
f.23r			
867	**Miguel Hernandez**		**30**
f.23r			
868	**Miguel Herrera**		**70**
f.23r			
869	**Joseph Hernandez**		**40**
f.23r			

f. 23r-24r - Le sigue un resumen que se transcribe, con el resumen del Apartado 1, en el Apéndice.

f. 24r - Conforme a un Docum^{to} que se halla en el legajo Num^o 1 de la Gomera cons^{ta} qe las casas del Hierro eran en Nov^e de 1680, 680. pero Ver^s según un computo que hiso *de clerigos, viudas, solteras, y personas de distintas edades suman mucho mas pero al fol 2 dise qe son 701 familias. Vease el computo segun la Meacha^{da} fol. 41 b^{ta} de dho documento año 1680. Por el Sinodo del S^s Don Pedro Davila impreso en Mad[ri]^d año de 1737 al fol. 511 de el consta q^e en 27 de Jul. de 1733 tenia la isla del Hierro 511.*[132]

Febr^o de 1771 [firma] Castillo

---

[132] En concreto, dice así el obispo en la obra citada: *"Isla del Hierro. Llegué a esta Isla en 27 de Julio de 1733, desde cuyo Puerto hasta la Villa es muy penosa la subida, por lo áspero, y pendiente de su cuesta. Ay dos Benificios, provision de su Magestad, su Parroquia en la Villa, intitulada de Valverde. Tiene diez Hermitas, que son la de San Juan Baptista, Santa Cathalina, Santiago, San Lazaro, San Telmo, San Pedro Apostol en Barlovento, la de San Andrés en Arzola, la de San Antonio Abad en el Pinal, la de nuestra Señora de los Reyes en la Dehesa, y la Candelaria en el Golfo. Aquí se necesita de Parroquia, por la mucha distancia que ay a la Villa. En esta ay un Convento como de diez Religiosos Franciscos. Componese esta Isla de 511 vecinos, y de ellos como 12 en Miñon; 14 en Sabinosa; 74 en San Andrés; 14 en la Hoya; 18 en la Cuesta; 15 en la Ladera; 76 en el Pinal; 10 en el Golfo; 200 en San Pedro de Barlovento, y su distrito; 8 en los Valles y el resto en la Villa arruados."* Pedro M. Davila y Cárdenas *Constituciones y nuevas addiciones synodales del Opispado de las Canarias: hechas por Pedro Manuel Davila y Cárdenas* (1737) folios 511-512.

Apéndice

Apéndice
{*English translation: see Appendix, p. 123*}

Cifras

Resumen de Vecinos en sus Pagos

Apartado 1
~ Villa de Valverde, Asofa, Pinal ~

f. iii (vuelto)

Vecinos que tiene esta Villa de Balverde Ysla del Hierro, Asofa, Pinal, que cavesia se forma en el mes de Enero de mil Septecientos Setenta y un años con expresion de las Personas Barones, que conponen cada familia, sus edades, con asistencia de su mrd el senor Alcalde mayor Dⁿ Jph Borges, y Ventura y Vello de su mrd el señor Benerable Beneficiado Dⁿ Fran^{co} de Brito.

DESCRIPCIÓN	SUB	TTL
ff. 13r-14r ***Resumen***[133] Vecinos		
Camino del Gusano q[e] ba á San Anton en el Pinal	21	
Camino q[e] ba del Roque a las casas	23	
Camino q[e] biene de San Anton	21	65
Lugar de Taybique		
Barranco de Taybique q[e] ba a las casas	13½	
Barranquillo de las casas	8½	22
Lugar de Azofa		
La Guerta		
Camino q[e] ba a los Llanos	10	10
Lugar de los Llanos		
Camino de las casas	12	
Ladera camino q[e] ba a San Andres	5½	
Barranco de las Niebes		
Lugar de Ysora		
Barranco de Flores . . . [los tres pagos contados juntos]	18½	

---

[133] La tabla sólo comienza con esta palabra como título.

DESCRIPCIÓN	SUB	TTL
Camino de Bartholome Liman	10	
Barranco de Liman	9	
Barranco del Lomo del Higo Tajace de Aabjo Tajace de Arriba, camino R^l de Tajace q^e b a las Rosas	6½	
Tajace de Arriba, camino [Real] de Tajace q^e b a las Rosas	9½	
Camino q^e ba a las Rosas, Barrco de las Rosas y camino q^e ba a Jarera	29½	100½
Lugar de Ajarera de Abajo		
Barranco de dho		
Camo q^e parte a dho . . . [los tres pagos contados juntos]		32
Lugar de Alvarada		
Lugar de Alvarada	2	
Camo q^e ba ala Albarada	23	25
La Villa		
Calle de las cuebas	11½	
Barranco del Risco blanco	12	
Calle q^e ba a las cuebas de Lemus	3	
Calle del Marrubio	15	
Barranco de la Hoya y su callejon	2½	
Callejon del Marrubio para Tijarabe	7	
Tesina y Barranco de la Hoya	9	

DESCRIPCIÓN	SUB	TTL
Calle de Tesine	9	
Calle de Santa Catalina	11½	
Callejon de la Picota	2½	
Calle del sol	9½	
Calle de las piedritas	2½	
Calle del Portillo	6½	
Calle del Cerquito	9½	
Calle de la Plaza de Cavildo	6½	
Calle del Narangero	12½	
Calle del llano del Higo	17½	147½
Barranco del Llano del Higo	9	
Callejon qe ba al Jondillo	7	16
Barrios		
Barrio del Cavildo	0½	
Callejon qe ba al Barrio de Aracome	5	
Segundo Callejon de Aracome	24	
Barranco de Aracome y camino qe ba a Santiago	10	
Camino qe ba de Santiago a la Bega	16½	
Barranco de Damaso o Arena	32	88
Total del Apartado 1		**506**

Apartado 2
~ *Savinosa, Llanillos, la Frontera, Barlovento* ~

f. 15 (recto)

Vecinos q[e] tiene el Lugar de Savinosa, Llanillos, Tigaday, la Frontera, primera y segunda Jurisdicion de Varlovento en esta Ysla del Hierro, según Padron que c[avesi]a se forma en el mes de Enero de mil septecientos setenta y un años con asistencia del señor D[n] Juan Apolinario Rocha Benerable Beneficiado Rector y Vicario en esta Ysla y los Alcaldes de las Jurisdiciones con expresion de las Personas Varones que componen cada familia y sus edades.

DESCRIPCIÓN		SUB	TTL
ff. 23r-24r **Resumen**[134] Vecinos			
Lugar de Savinosa			
Jabla			
Montaña de Savinosa			
Pico de la Montaña			
Callejon arriba . . . [los cinco pagos contados juntos]			17
Llanillos			2
Merece, Tigaday, Belgara			13½
Lapas			5
Belgara . . . [los cinco pagos contados juntos]			4

---

[134] La tabla sólo comienza con este título.

DESCRIPCIÓN	SUB	TTL
Corchos		1
Auchon		2
Pie del Risco		1
Mocanes		6
Roque de los [Moratas]		4
Prim^a Jurisdicion de Barlovento		
Hoya redonda	4	
Malpais	37½	
Tenecedra	8	
Taguacinte	11	
Callejon de Aguarijo	5	
Mocanal del camino abajo	4½	
Mocanal del camino de Sⁿ Pedro arriva a un lado y otro del Barranco del Mocanal	20	
Betenama entre los Barracos	19	
Tesbabo	13	122
Sugunda Jurisdicion de Varlovento		
Barranco de Artenga	4	
Barranco de Tesbabo	7	
Barranco de Herese	3	
Del camino arriba	9½	

DESCRIPCIÓN	SUB	TTL
Camino a las Montañetas	17	
Erese de avajo	6½	47
Lugar de Guarasoca		
Barranco de este Lugar	39	39
Lugar de los cercados		
Camino arriba	14½	
Casas del monte	8	
Montañetas	28	50½
Total del Apartado 2		**314**

TOTAL de la ISLA

Apartado 1		506
Apartado 2		314
VECINOS en toda la ISLA		**820**
Total obtenido en la presente transcripción[135]		**824**

---

[135] Con un total de **869** casas y **1.293** indivíduos. Véase la Intruducción, p. 2, y la nota 7. {*Total from this transcription is 824, with a total of 869 houses and 1,293 individuals. See the Introduction, p. 118, and note 146.*}

BIBLIOGRAFÍA

Archivo de la Casa Fuerte de Adeje. *Documentación no judicial generada en el ejercicio jurisdiccional señorial - Señorío de El Hierro - Padrones de habitantes.* ES 35001 AMC/ACFA 104003.

Quintero Reboso, Carlos. *El Hierro: una isla singular* ([Valverde]: Excmo. Cabildo Insular de El Hierro; Tenerife : Centro de la Cultura Popular Canaria, 1997-2001).

Rescate de Toponimia. VISOR, en *Infraestructura de Datos Espaciales de Canarias* (IDECanarias) www.idecanarias.es (2018)

Vera, Julio C. *El Censo de 1680 de La Gomera y El Hierro* (Los Angeles: Create Space, 2016).
      — *Censo de El Hierro de 1757* (Los Angeles: Create Space, 2017).

ÍNDICE ONOMÁSTICO

Introducción

{English translation: see Introduction to the Name Index, p. 125}

El índice recoge cabezas de hogares y toda otra persona que lleve nombre con apellidos. Además se han añadido todos los otros nombres del censo, asociándolos con los apellidos del hogar donde se encuentran. Por lo tanto, si es designado hijo pero sin apellido, se relaciona con el **Apellido del padre** o el **Apellido de la madre**. Si es otro tipo de residente (nieto, criado, esclavo, etc.), este se relaciona con el **Apellido de la familia** donde vive, es decir, con el de su cabeza de familia.

En esa época se variaba el uso de letras como B/V, C/S, I/Y, S/Z, etc. Para simplificar su búsqueda, los nombres y apellidos de una misma base se han unido en el índice bajo una ortografía común moderna. Por ejemplo, el índice favorece la V por la B (Vera no Bera) o la Z por la S (Diaz no Dias). Pero en otros casos, cuando ocurren nombres o apellidos algo parecidos pero suficientemente distintos, o que se asignan masculino o femenino (Padron/Padrona), esas diferencias se conservan. En todos los casos se conectan sus variantes con notas de *véase* o *véase también*.

Obsérvese también que para evitar confusión, los nombres escritos de manera antigua se han reunido en el índice bajo su ortografía moderna, por ejemplo en vez de "Ysabel" se favorece "Isabel."

Se elimina el repetido uso del "de" (de Casañas, de Morales, de Vera, etc.), aunque los otros posesivos (de las, de los, del) se mantienen cuando se ven variaciones entre esos apellidos. Los acentos, poco utilizados en el manuscrito, se eliminan en el índice y en el texto para evitar confusión.

Finalmente, se advierte que, no obstante las modificaciones del índice, en la transcripción del texto propio se ha respetado la ortografía original del manuscrito.

Clave

Los números (1-869) que le siguen a cada nombre (por ejemplo, Juan − 124) indican el número de la casa donde aparece la persona. Es decir, Juan aparece en la casa número 124.

ÍNDICE

SIN APELLIDOS: Bartolomina − 746; **Catalina** − 323; **Juan Miguel** − 407; **Rafael** − 407; **Rufina** − 721; **Sebastiana** − 334.

~

ACOSTA: Andres − 181; **Bartolome** − 130, 163, 207, 377; **Cristoval** − 613; **Diego** − 37, 141, 306; **Josepha** − 319; **Juan** − 124, 129, 537; **Juan Padron** − 851; **Lazaro** − 43; **Manuel Padron** − 400; **Maria** − 488, 560, 573, 598; **Miguel** − 307; **Pio** − 535; **Salvador Padron** − 669; **Toribio** − 333; **Ventura** − 496.
ACOSTA (Apellido de la familia): Estevan − 333; **Juan** − 377; **Manuel** − 537.
ACOSTA (Apellido de la madre): Bartolome − 573; **Blas** − 488; **Francisco** − 488, 573; **Joseph** − 573.
ACOSTA (Apellido del padre): Antonio − 306; **Cristoval** − 537; **Diego** − 163, 207, 535; **Juan** − 124, 163; **Manuel** − 306.
AGUILAR: Pablo − 301.
ALFONSO: Andres − 744; **Juana Quintero** − 398; **Pedro Quintero** − 453.
ANRRIQUE: Domingo − 294.
ARGUELA: Antonio Padron − 637.
ARMAS: Agustin − 673; **Alonso** − 193, 793; **Ambrosio** − 380; **Antonio** − 500; **Baltasar** − 734; **Bartolome** − 91; **Cayetano** − 188, 492, 583, 847; **Diego** − 140; **Francisca** − 694; **Francisco** − 117, 572, 676, 740,

844; **Gaspar** – 477; **Juan** – 95, 164, 222, 237, 401, 438, 517, 759; **Juan Fernandez** – 29, 631; **Juan Padron** – 611; **Juan Quintero** – 98; **Lorenzo** – 92; **Lorenso Padron** – 616; **Lucas Fernandez** – 632; **Luis** – 99; **Manuel** – 778; **Marcos** – 103, 715; **Maria** – 102; **Mateo** – 165, 241, 267, 649, 680, 684, 691; **Pedro** – 646, 856.

ARMAS (Apellido de la familia): Marcos – 438.

ARMAS (Apellido del padre): Alonso – 715; **Andres** – 95; **Antonio** – 844; **Bartolome** – 164; **Diego** – 401; **Francisco** – 193, 649, 715, 759; **Gonzalo** – 856; **Joseph** – 401; **Juan** – 164, 222, 267, 500, 649, 680, 759, 856; **Luis** – 649; **Martin** – 844; **Miguel** – 759; **Pedro** – 649, 856.

ARTEAGA: Francisco Padron – 411; **Gaspar** – 529; **Juan** – 433; **Juan Armas** – 517; **Juan Sanchez** – 211.

ARTEAGA (Apellido del padre): Joseph – 529.

AYALA: Juan – 410; **Miguel** – 311; **Miguel Espinosa** – 409; **Pio** – 357; **Sebastian** – 406.

AYALA (Apellido de la familia): Juan – 357; **Sebastian** – 410.

AYALA (Apellido del padre): Antonio – 311; **Baltasar** – 357; **Bernardo** – 406; **Juan Baptista** – 410.

AYRES: Joseph Febles – 562.

BAPTISTA: Maria – 180.

BARREDA: Bartolome – 197, 607; **Cayetano** – 314; **Diego** – 337; **Francisco** – 308; **Gabriel** – 271; **Juan** – 618; **Juan Armas** – 438; **Nicolas** – 346, 803.

BARREDA (Apellido de la familia): Gaspar – 308; **Joseph Maria** – 337; **Salvador** – 337.

BARREDA (Apellido del padre): Cristoval – 803; **Diego** – 607; **Juan** – 607.

BARREDA, de la: Juan – 397.

BARREDA, de la (Apellido de la familia): Domingo – 397.

BENITES: Antonio – 532; **Juan** – 471.

BENITES (Apellido del padre): [nombre roto] – 532; **Joseph** – 532.

BERA: *véase* **VERA.**

BLANCO: Bartolome Gonzalez – 718; **Sebastian Gonzalez** – 612.

BRITO: Diego – 559; **Elena** – 650; **Francisco** – 312, 664; **Joseph** – 430, 556; **Juan** – 159, 304, 617, 662, 775; **Juana** – 464; **Manuel** – 623; **Pedro** – 709, 762.

BRITO (Apellido de la familia): Juan – 312.

BRITO (Apellido de la madre): Cayetano – 650; **Cristoval** – 464.

LINDO: Juan Sanchez — 184.
LLANOS: Juan Perez — 608.
LOPEZ: Estevan — 590.
LUIS: Joseph — 482.
MACHIN: Alonso — 786; **Andres** — 755; **Antonio** — 783; **Diego** — 149, 382; **Francisco** — 801; **Joseph** — 431; **Juan** — 266; **Pedro** — 187, 235; **Rodrigo** — 71, 763.
MACHIN (Apellido del padre): Diego — 149; **Francisco** — 786; **Gonzalo** — 763; **Miguel** — 786; **Pedro** — 235.
MAGDALENA: Manuel — 507; *véase también* **MAGDALENO**.
MAGDALENA (Apellido del padre): Joseph — 507; **Lucas** — 507; *véase también* **MAGDALENO**.
MAGDALENO: Angel — 508; **Diego** — 394; **Joseph** — 344, 358; **Mateo** — 534; **MAGDALENO**: *véase también* **MAGDALENA**.
MAGDALENO (Apellido del padre): Antonio — 534; **Francisco** — 534; **Mateo** — 508; *véase también* **MAGDALENA**.
MANZANO: Francisco Leon — 118; **Lorenso** — 722.
MARQUES: *véase* **MARQUEZ**.
MARQUEZ: Antonio — 109, 682; **Isabel** — 49; **Juan** — 701, 849; **Mateo Armas** — 691.
MARQUEZ (Apellido del padre): Tomas — 682.
MARRARO [MARRERO?]: Antonio — 490; *véase también* **MARRERO**.
MARRERO: Francisco — 417; *véase también* **MARRARO**.
MARRERO (Apellido del padre): Diego — 417; **Mateo** — 417; *véase también* **MARRARO**.
MARTEL: Diego — 374, 661; **Francisco** — 260; **Gaspar Dias** — 840; **Juan** — 705, 735; **Juan Gutierrez** — 574; **Juan Padron** — 822; **Juan Toledo** — 799.
MARTELA: Maria — 788; **Sebastiana** — 746.
MARTELA (Apellido de la madre): Alonso — 788.
MARTIN: Agustin — 795; **Catalina** — 675; **Cayetano** — 292; **Francisco** — 480, 538; **Gonzalo** — 620, 818; **Joseph** — 285; **Pedro** — 443.
MARTIN (Apellido de la madre): Diego — 675; **Manuel** — 675.
MARTIN (Apellido del padre): Estevan — 292; **Juan** — 620; **Juan Joseph** — 285.
MATOS: Francisco — 774; **Gregorio** — 474; **Juan** — 769.
MEDEROS: Cristoval — 352.
MEDINA: Juan — 836.
MEDINA (Apellido del padre): Francisco — 836.
MENDES: *véase* **MENDEZ**.

MENDEZ: Baltasar − 233, 821; **Francisco** − 863; **Juan Castañeda** − 829.

MENDEZ (Apellido de la familia): Baltasar − 233.

MENDOZA: Pedro − 426.

MERENCIO: Francisco Febles − 754.

MERIDA: Alonso − 160; **Bartolome Hernandez** − 38; **Catalina** − 128; **Diego** − 177, 495; **Francisco** − 326; **Gabriel** − 318, 502; **Juan Padron** − 479; **Magdalena** − 23, 459; **Maria** − 49, 457.

MERIDA (Apellido de la familia): Sebastian − 318.

MERIDA (Apellido de la madre): Lucas − 459.

MERIDA (Apellido del padre): Joseph − 326; **Pedro** − 160.

MESA: Bernardo − 621; **Francisco** − 602; **Marcos** − 695; **Micaela** − 841, **Miguel** − 108, 146, 672.

MESA (Apellido de la madre): Fernando − 841.

MIGUEL: Juan − 478.

MOCAN: Juan Quintero − 567.

MOLERO: Pedro Quintero − 732.

MONTERO: Diego − 47, 825; **Gonzalo Padron** − 858.

MONTESINO: Leonor − 34.

MONTESINO (Apellido de la madre): Bartolome − 34; **Francisco** − 34.

MORALES: Alonso − 624; **Ana** − 144, 200, 561; **Baltasar** − 195, 216, 831; **Bartolome** − 10, 94, 186; **Catalina** − 252; **Domingo** − 403; **Francisco** − 46, 54, 609, 674, 772, 826; **Joseph** − 11, 209, 688; **Juan** − 13, 31, 45, 198, 199, 239, 838; **Juan Padron** − 866; **Lucas** − 64; **Luisa** − 212, 757; **Manuel** − 728; **Maria** − 215, 757, 816; **Pedro** − 218; **Salvador** − 633; **Simon Garcia** − 752.

MORALES (Apellido de la familia): Juan − 403.

MORALES (Apellido de la madre): Joseph − 212; **Juan** − 144; **Mateo** − 200.

MORALES (Apellido del padre): Baltasar − 831; **Bartolome** − 94, 195; **Francisco** − 31, 831; **Juan** − 13, 94, 198, 609, 633; **Manuel** − 831; **Martin** − 11; **Mateo** − 218; **Mattias** − 239; **Pedro** − 838; **Salvador** − 64; **Simo [Simon]** − 209, 688; **Yoracio** − 633.

NORBERTO: Diego − 299.

NUÑEZ: Francisco − 663, 679; **Joseph** − 290; **Juan Padron** − 41; **Juan Quintero** − 702; **Mateo Armas** − 680.

ORTEGA: Maria − 412.

PACHECO: Anastasia − 101.

PACHECO (Apellido de la madre): Gabriel − 101; **Juan** − 101.

PADILLA: Alonso − 402; **Catalina** − 284, 391; **Cayetana** − 361; **Francisca** − 126; **Maria** − 69, 120, 264, 324, 418.

PADILLA (Apellido de la familia): Manuel − 402.

PADILLA (Apellido de la madre): Andres − 120; **Francisco** − 418; **Joseph Carmen** − 284.

PADRON: Agustin − 161, 484, 615, 693, 807; **Alonso** − 519, 525; **Alvaro** − 335; **Andres** − 563, 835; **Antonio** − 286, 303, 476, 637, 720, 770; **Baltasar** − 343; **Bartolome** − 178, 232, 384, 525, 820; **Cayetano** − 278, 760; **Diego** − 44, 72, 171, 248, 269, 458, 643; **Francisco** − 73, 87, 162, 189, 411, 756, 782, 809, 832; **Francisco Morales** − 826; **Gabriel** − 446; **Gaspar** − 362; **Gonzalo** − 577, 700, 749, 777, 791, 813, 858; **Joseph** − 256, 320, 456, 531, 823; **Juan** − 7, 20, 30, 41, 93, 96, 127, 132, 192, 203, 255, 328, 349, 363, 379, 436, 455, 460, 469, 479, 516, 611, 660, 671, 689, 710, 730, 736, 765, 822, 851, 853, 855, 866; **Juan Garcia** − 771; **Juan Miguel** − 478; **Juan Morales** − 838; **Lorenso** − 616; **Lucas** − 414; **Lucas Francisco** − 221; **Luis** − 293; **Manuel** − 347, 399, 400, 429; **Martin** − 764; **Mateo** − 628, 864; **Matias** − 70, 766; **Miguel** − 8, 247, 514, 543, 571, 738; **Nicolas** − 202, 528; **Pedro** − 761; **Salvador** − 327, 669, 692; **Sebastian** − 316, 656; **Simon Garcia** − 767, 815; *véase también* **PADRONA**.

PADRON (Apellido de la familia): Joseph [Castañeda] − 628; **Juan** − 347; **Miguel** − 278; *véase también* **PADRONA**.

PADRON (Apellido de la madre): Gonzalo − 696; *véase también* **PADRONA**.

PADRON (Apellido del padre): Alonso − 293, 469, 782; **Antonio** − 671; **Bartolome** − 127, 248; **Cayetano** − 269, 303; **Diego** − 44, 571; **Domingo** − 525; **Fernando** − 637, 710; **Francisco** − 189, 269, 469, 637, 749, 756; **Gaspar** − 710; **Gonzalo** − 736, 749, 777, 853; **Jacinto** − 528; **Joseph** − 327, 347, 749; **Juan** − 44, 203, 316, 320, 411, 476, 525, 637, 700, 720, 756, 777, 823, 858; **Juan Antonio** − 379; **Lorenzo** − 41; **Manuel** − 256, 710; **Marcos** − 343; **Mateo** − 693; **Miguel** − 756; **Nicolas** − 710; **Pedro** − 756; **Salvador** − 41; **Simon** − 700, 749; **Ventura** − 320; *véase también* **PADRONA**.

PADRONA: Ana − 703; **Catalina** − 696; **Margarita** − 451; **Maria** − 834, 841; **Rita** − 703; *véase también* **PADRON**.

PADRONA (Apellido de la madre): Gonzalo − 696; *véase también* **PADRON**.

PALOMETA: Juan − 441.

PALOMO: Francisco − 509.

PAULA: Antonia − 802.

ENGLISH GUIDE

Although the basic data in this book should be fairly accessible to users with a rudimentary knowledge of Spanish, this section provides additional help. It includes a Glossary of terms frequently used in census texts. This is followed by key introductory texts which have been translated to provide a general understanding of the census and its transcription. These include the Introduction, Explanatory Notes, Appendix and the Introduction to the Name Index.

ENGLISH GUIDE

Glossary[136]

benficiado	parish priest
capitán	captain
chico	junior
criado	servant[137]
cuñadao	brother-in-law
entenado	adopted or stepchild
esclavo	slave
hermana/o	sister/brother
hijo	son
libre	unmarried (un-attached) person
mosa/o[138]	single
mosa soltera	single/unmarried woman
mujer libre	single/unmarried woman
nieto	grandson
no consta	not stated
presbítero	priest
sobrino	nephew
viuda	widow

---

[136] For a broader glossary of commonly used and older Canary Island census terms, see the English Guide section of *El Censo de 1680 de La Gomera y El Hierro* by Julio C. Vera (Los Angeles: Create Space, 2016).

[137] Generally *criado* means servant, but it can also mean a child raised by a family that may or may not be related, as in an orphan informally adopted and sometimes also used as household help, thus "criado" - literally *raised by*. See also *entenado*.

[138] The word mosa/o (moza/o) has three distinct meanings which depend on their context. Generally speaking, as a single descriptor for a head of household it signifies a single/unmarried person. If used as a descriptor of an underling's relationship to a household, it means servant, esp. if preceded by the possessive "su." If preceded by "el" it signifies "the younger" of a father-son duo with the same name, akin to "Jr."

Introduction

The previous publications *El Censo de 1680 de La Gomera y El Hierro* and *Censo de El Hierro de 1757* have initiated the aim of recovering little-known yet valuable resources of Canary Island demographic history for dissemination to a broader audience.[139]

In this case we again return to the manuscripts of the Archivo de la Casa Fuerte de Adeje, Tenerife, conserved by El Museo Canario in Las Palmas de Gran Canaria. Thanks to these institutions, the collection containing more than seventeen thousand units has been digitalized for electronic access.[140] Under *"Documentación no judicial generada en el ejercicio jurisdiccional señorial - Señorío de El Hierro - Padrones de habitantes,"* - are found two copies of censuses (*padrones*[141]) of El Hierro: one for the year 1757 (previously published, as stated above) and another one for 1771 executed *"by order of the Inspector y Segundo Comandante General de Canarias for the regulation of [its] militias."*[142] As promised in the previous publication, the complete transcription of the 1771 census is presented here.

The execution of this census came as a consequence of the reorganization of the Canary militias. This process began in 1769 with the arrival in the Canaries of royal army coronel, Don Nicolás de Macía Dávalos. He was named Second Commander and Inspector General of the

---

[139] Julio C. Vera, *El Censo de 1680 de La Gomera y El Hierro* (Los Angeles: CreateSpace Independent Publishing Platform, 2016) and *Censo de El Hierro de 1757* (Los Angeles: CreateSpace Independent Publishing Platform, 2017).

[140] Available at the website of the Archivo de la Casa Fuerte de Adeje: www.archivohistoricoadeje.es, where its history and bibliographic information are also given.

[141] We use the word *censo* rather than *padrón* to maintain consistency between publications, knowing that it is always in reference to "padrones," "matrículas" or other "listings of inhabitants," which in modern Spanish are all encompassed under the concept of *"censo de población."*

[142] Its reference code is: ES 35001 AMC/ACFA 104003.

Militias and came with *"the mission of reorganizing [and] adapting [them] to the population and needs of each island."[143]* Respecting that order for El Hierro, in January of 1771, the *Alcalde* (Mayor), Joseph Ventura Borges y Bello, and the island's clergy, Francisco Brito and rector and vicar Juan Apolinario Rocha, began the enumeration of *"its neighborhoods and its regions, places, ravines, or whatever one wishes to call them . . ."* As a result of this process, on April 15, 1771, copies of the listings obtained were submitted *"denoting the male persons[144] that make up each family and their ages,"* capping the investigation with a summary of the figures obtained from each zone and their total.

Subject to its military purpose, the census sought to enumerate males able to serve in defense of the island, yet covering the whole of the population. As a result, though neither wives nor daughters of said males needed counted, women who headed households were included, be they widows, single women or "free" women with sons - or without them. As a consequence, the listing obtained encompassed a fairly complete picture of all families residing in the island in 1771.

The summary in the manuscript gives a total of 820 heads of households (*vecinos*).[145] That number does not concur with the count obtained in the transcription, which rises to the sum of 824 heads (*vecinos*), located in 869 houses and totaling 1,293 individuals.[146] The original count is transcribed in an appendix at the end of the book. It reproduces the subtotals obtained from place to place, as they appear in the manuscript with their summaries.

Notwithstanding the military, masculine focus of the inquiry, the census provides other useful details. First, it lists all names and last names (sometimes more than one last name) of the heads of all the households of the island - men, widows or single women. In the case of males, their ages are also noted. Additionally all male children are listed along with their ages. To these are added grandsons, step- or adopted sons, brothers-in-law, servants and other males resident in the house.[147] Finally, the enumeration

---

[143] Carlos Quintero Reboso, *El Hierro: una isla singular* ([Valverde]: Excmo. Cabildo Insular de El Hierro; Tenerife : Centro de la Cultura Popular Canaria, 1997-2001) 481.

[144] Female heads were also included, as described further.

[145] *"Escept for clerics or fryars."* Also note that, formally, within the concept of *vecino*, males constituted one whole head, while women and others were counted in fractions thereof. So this total must be viewed with that caveat in mind.

[146] The manuscript reveals several errors during the process of transferring subtotals to the summary tables. The data presented has been inputted (as usual) into an Excel matrix to verify sums. Also note that the total of 1, 293 individuals includes the clerics; in other words, all individuals who appear in the folios.

[147] With the exception of the clerics, whose ages are for the most part not given.

includes all the female heads of households, be they widows, mothers of sons or not, or unmarried - occasionally also detailing sisters sharing a home.

In addition to this, the enumeration reveals the geographic arrangement of related families. For example, surnames are repeated along the same streets, or neighborhoods, offering clues to possible relationships. And these geographical groupings can be compared with similar ones in earlier years - especially with those seen in *Censo de El Hierro de 1757* - indicating possible permanence of clans in their ancestral lands and revealing the movements of these populations in the mid-eighteenth century.

Finally, the census of 1771 adds a compilation of early unique place names, with enumerators specifying the streets and paths, ravines and districts, heights and lowlands, all in the vernacular of the time. These forgotten place names are of inestimable value in locating those primitive lands and dwellings in modern maps.[148]

In sum, in spite of its initial role as a military survey, the 1771 census of El Hierro imparts much more than one would expect: a complete listing of the names and ages of all male and female heads of homes, a broad picture of the totality of those households, a view of relationships between families rooted in their lands and a broader panorama of the place names of El Hierro in the Eighteenth Century. This data - as in the previous publications - advances the recovery of the history and enrichment of our Canary heritage.

Los Angeles, 2018

---

[148] As the mapping being achieved by the *Rescate de Toponimia* project of *La Infraextructura de Datos Espaciales de Canarias (IDECanarias)* and their VISOR program, available at www.idecanarias.es (2018).

Explanatory Notes

The census was gathered into two segments (sewn together) corresponding to two broad zones of the island. For this transcription they have been labeled *Apartado 1* and *Apartado 2* and they encompass the following districts:

Apartado 1 [Section 1] (folios 1-14)

La Villa (Valverde)
Azofa
El Pinar

Apartado 2 [Section 2] (folios 14-24)
Sabinosa
Llanillos, Tigaday, La Frontera (El Golfo)
Barlovento

The first three folios of the manuscript were not numbered, therefore they are identified as folios i, ii, and iii. The foliation proper begins with the first enumeration segment, from folios 1 to 14, and the second following it from folios 15 to 24, finalized with a blank page.

The transcription is faithful to the original handwriting in the manuscript, with the exception of some occasional inconsistent accents, which are ignored. Variant forms of names and surnames have been transcribed as they appear, retaining the orthography of the time. However, the name index gathers all variations under their modern forms. In some cases, certain variations have been retained, with an added "see" or "see also" (*"véase"* o *"véase también"*) references pointing to similar or related names. Nonetheless, all possible variations of names and surnames being sought should be searched.

When information is illegible or ambiguous, variations are shown within brackets, sometimes with a question mark signifying conjectures. Known abbreviations (like F^{co} = Francisco; J^{ph} = Joseph; etc.), appear expanded, without notice. When information is omitted in the original (like *"viuda"* or *"hijo"* - *widow or son*) such notice is given with *"[no consta]" (not given)*. Women's ages were not recorded,[149] and in some instances others' ages were also omitted (priests or their servants, for instance). These are noted with a line "--" in place of the age.

The manuscript includes the following notations without explanation in the text. These are quite possibly codes related to their military obligations. They are faithfully transcribed as they appear in the text:

- An upper-case "A" added next to the name of an individual or his designation as "hijo" [son].
- An upper-case "D" added next to the name of the clerics.

Finally, geographic descriptions are transcribed as they appear in the original. When place names deviate from their current forms, this is noted in the footnotes. Old place names that have been verified (or not) in the previously cited *Rescate de Toponimia* of *IDECanarias* are also explained in footnotes.

---

[149] With the exception of the first two widows, Francisca Quintero (no. 1) and Catalina de Chaves (no. 17) and later Juana Gonzalez (no. 470) - though that last one could be a Juan (see the note in its place).

Appendix

Figures

Summary of Heads of Families
in their Villages

Section 1
~ Valverde, Asofa, Pinal ~

f. iii (v)

Heads of households in this Villa of Balverde Island of El Hierro, Asofa, Pinal, which is formed in the month of January in the year One Thousand Seven Hundred and Seventy One, noting the male persons comprised in each family, their ages, with the assistance of [his excellency] the Mayor Don Joseph Borges y Ventura y Vello [and] of [his excellency] the Venerable Father Don Francisco de Brito.

Section 2
~ *Savinosa, Llanillos, la Frontera, Barlovento* ~

f. 15 (r)

Heads of households in Savinosa, Llanillos, Tidaday, la Frontera, first and second Jurisdiction of Varlovento in this Island of El Hierro, according to the Census which [has been taken] this month of January in the year One Thousand Seven Hundred Seventy One with the assistance of Mr. Don Juan Apolinario Rocha Venerable Father Rector and Vicar in this Island and the Mayors of the Jurisdictions noting the Male Persons who make up each family and their ages.

Introduction to the Name Index

The index gathers all heads of households and any other residents who appear with both a first and last name. Aditionally, all other names in the census have also been added, associating them to the surnames of the households where they reside. Accordingly, if someone is shown as a son without a surname, he is grouped with his father's surname *(**Apellido del padre**)* or his mother's surname *(**Apellido de la madre**)*. All other types of residents (grandsons, servants, slaves, etc.) are linked to the family's surname *(**Apellido de la familia**)* where they live, in other words, with the surname of the head of their household.

During this era, the use of the B/V, C/S, I/Y, S/Z, etc. were often interchanged. Therefore, in order to simplify searching, names and surnames have been conformed to one modern usage. For example, the index favors the V over the B (Vera not Bera) or the Z for the S (Diaz not Dias). But in other cases, if names or surnames are similar yet somewhat different, or are formed as masculine/feminine (Padron/Padrona), those distinctions are maintained. In all cases variations are connected with *"véase"* or *"véase también"* ("see" or "see also").

It should also be noted that to avoid repetition certain common first names written in old forms are gathered under their common or modern spelling, so Isabel is favored over Ysabel.

The repeated use of "de" (*de Casañas, de Morales, de Vera*, etc.) is ignored, though other possessives (*de las, de los, del*) are kept when they distinguish the surnames. And, to avoid confusion, accents, only sporadically used in the manuscript, are eliminated in the index.

Finally, despite these modifications in the index, the transcriptions in the text proper maintain the original manuscript spellings in all their original variations.

Key

The numbers (1-869) following each name (for example, Juan -124) indicate the number of the house where the person appears (that is, Juan appears in house number 124.)

EL EDITOR

Julio César Vera García nació en Cuba y se educó en Miami, Florida. Graduado de letras en *Carnegie Mellon University*, luego recibió un máster en Bellas Artes de la escuela de cinematografía de la *University of California, Los Angeles (UCLA)*. Trabajó en el giro de televisión y cine en Miami y Los Angeles. Regresó a UCLA, donde recibió su segundo máster en ciencias de información y biblioteconomía, practicando desde ese entonces esa carrera en Los Angeles. Actualmente también escribe para el teatro, televisión y cine. En el 2018 se estrenó su obra teatral, *Alik*, en el Wende Museum of the Cold War de Culver City, California. Sus obras genealógicas publicadas son *El Censo de 1680 de La Gomera y El Hierro* (2016) y *Censo de El Hierro de 1757* (2017).

www.ingramcontent.com/pod-product-compliance
Lightning Source LLC
Chambersburg PA
CBHW051103250726
48656CB00001B/452